VOCABULÁRIO LATINO
DA FILOSOFIA

VOCABULÁRIO LATINO DA FILOSOFIA
de Cícero a Heidegger

Jean-Michel Fontanier

Tradução
ÁLVARO CABRAL
Revisão da tradução
MARIA FERNANDA ALVARES
Revisão técnica
JACIRA DE FREITAS

SÃO PAULO 2007

Esta obra foi publicada originalmente em francês com o título
LE VOCABULAIRE LATIN DE LA PHILOSOPHIE
por Éditions Ellipses, Paris.
Copyright © Ellipses Édition-Marketing, France.
Copyright © 2007, Livraria Martins Fontes Editora Ltda.,
São Paulo, para a presente edição.

1ª edição 2007

Tradução
ÁLVARO CABRAL

Revisão da tradução
Maria Fernanda Alvares
Revisão técnica
Jacira de Freitas
Acompanhamento editorial
Maria Fernanda Alvares
Revisões gráficas
Ivani Aparecida Martins Cazarim
Ana Maria de O. M. Barbosa
Dinarte Zorzanelli da Silva
Produção gráfica
Geraldo Alves
Paginação
Moacir Katsumi Matsusaki

Dados Internacionais de Catalogação na Publicação (CIP)
(Câmara Brasileira do Livro, SP, Brasil)

Fontanier, Jean-Michel
  Vocabulário latino da filosofia : de Cícero a Heidegger / Jean-Michel Fontanier ; tradução Álvaro Cabral ; revisão da tradução Maria Fernanda Alvares ; revisão técnica Jacira de Freitas. – São Paulo : WMF Martins Fontes, 2007.

Título original: Le vocabulaire latin de la philosophie : de Cicéron à Heidegger.
ISBN 978-85-60156-20-7

1. Filosofia – Terminologia 2. Latim – Vocabulários, glossários, etc. I. Título.

07-0277   CDD-101.4

Índices para catálogo sistemático:
1. Vocabulário latino da filosofia   101.4

Todos os direitos desta edição reservados à
Livraria Martins Fontes Editora Ltda.
Rua Conselheiro Ramalho, 330 01325-000 São Paulo SP Brasil
Tel. (11) 3241.3677 Fax (11) 3101.1042
e-mail: info@martinsfontes.com.br http://www.martinsfontes.com.br

Sabe-se que, desde Babel, o hebraico é a língua de Deus, o inglês a do comércio, o italiano a do amor, o francês a da conversação, o grego, ou sua variedade greco-alemã, a da filosofia, e o latim... a da farmácia. Também se sabe, desde Heidegger, que os romanos empalharam simulacros da ontologia grega e que, na realidade, "não existe filosofia romana"[1]. Além disso, ninguém ignora que esses *aratores-oratores*, esses lavradores-oradores, consideravam a filosofia uma *doctrina adventicia*, uma cultura adventícia, estrangeira, "de importação"[2], e sua própria língua incapaz de exprimir todas as nuanças do ser, todas as sutilezas da vida interior[3]. A filosofia romana acaso não retornará logo à língua-mãe da filosofia, com Musônio Rufo, com Epíteto, com Marco Aurélio? Eis alguns bons motivos, pode-se pensar, para esnobar a língua de Lucrécio.

Entretanto, não há como esquecer que, a partir de Caio Mário Vitorino e de santo Agostinho e por quase quinze séculos, o latim se converterá *no* veículo da filosofia ocidental. Será preciso lembrar que santo Tomás argumenta e comenta em latim, que Descartes – embora sustente "que um homem civilizado não tem mais obrigação de saber grego ou latim do que suíço ou baixo-bretão"[4] – medita inicialmente em latim, que Espinosa adulto ra-

---

1. J. Beaufret, *Dialogue avec Heidegger I, Philosophie grecque*, Paris, 1973, p. 141.
2. J.-M. André, *La philosophie à Rome*, Paris, 1977, p. 11.
3. Sobre essa *egestas*, essa "carência" lingüística, ver *ibid.*, pp. 20 ss.
4. *La recherche de la vérité* = AT 10, p. 503.

ciocina em latim, que Leibniz redige grande parte de sua obra na língua de Cícero? Cícero, cuja empresa de tradução e transmissão foi exemplar sob muitos aspectos, em especial "pela grande confiança que ela pressupõe na comunicação entre os homens. Nesse sentido, a criação da língua filosófica latina constitui, por si mesma, um ato concreto de *humanitas*"[5].

Por isso oferecemos este *Vocabulário latino da filosofia*. Nossa intenção foi tripla: estabelecer pontes com a terminologia grega, trazer à tona os possíveis equívocos e, sobretudo, ilustrar os diversos sentidos de cada palavra; daí a abundância de citações[6] ou, na sua falta, de referências, visto que se trata de proporcionar ao leitor, limitado muitas vezes a ler a tradução dos textos filosóficos latinos, um instrumento de acesso aos originais, em suma, algo que o auxilie. *Translationum fides intellectum quaerens* – se nos permitem parafrasear santo Anselmo.

---

5. C. Lévy, *Cicéron créateur du vocabulaire latin de la connaissance*, p. 106; ver *infra s.v.*
6. Quando a tradução [francesa] não é de nossa autoria, mencionamos o autor da tradução utilizada. Descartes está sistematicamente retraduzido, o mais próximo possível do original latino.

ABREVIATURAS

AT = *Œuvres de Descartes*, publicadas [em francês] por C. Adam e P. Tannery (ed. Vrin).

Dutens = *Opera omnia de Leibniz*, publicadas [em francês] por L. Dutens em 1768 (reprod. fotocop. Olms 1989): utilizamos a primeira edição das obras de Leibniz, em vez da atual edição de referência, a de Gerhart, porque ela apresenta a vantagem de reunir quase todos os textos latinos (teológicos, lógicos e metafísicos) em dois volumes, além de fornecer um cômodo índice.

ISC = E. Gilson, *Index scolastico-cartésien*, 2ª ed., Paris, 1979.

PL = *Patrologia Latina*

s.v. = *sub verbo* = sob a palavra

SVF = *Stoicorum Veterum Fragmenta*, ed. Von Arnim, Stuttgart, 1903.

➤ No interior das citações, os [ ] assinalam uma tradução ou uma explicação feitas na edição francesa.

Absolutus, absoluto

Este particípio passado passivo, adjetivado, do verbo *ab-solvere* = "desligar de", não tem equivalente em grego. Na terminologia retórica judiciária, aplicava-se a um modo de defesa: quando o acusado reconhece o fato em causa, pode justificá-lo ou por si mesmo, ou com a ajuda de desculpas, comparações, circunstâncias atenuantes etc.; no primeiro caso, trata-se de uma forma de defesa *absoluta*[1]. Mas, de modo mais geral, o latim antigo empregava a palavra para qualificar aquilo que é considerado independentemente de outra coisa, e que constitui um todo autônomo, completo, perfeito, como o *mundus* criado pelo demiurgo do *Timeu* (ver Cícero: *absolutum ex absolutis*[2]; *ex omni parte absolutissimum*[3]); ou como o Bem, que Diógenes o estóico definia *natura absolutum*, "o que é por natureza absoluto"[4].

Na ordem do ser, *absolutus* aplica-se propriamente a Deus, livre de todas as limitações[5]; na ordem do conhecimento, a "tudo o que contém em si, puro e simples, a natureza de que se trata; logo, tudo o que é considerado independente, causa, simples, universal, uno, igual, semelhante, reto, ou outras coisas do gênero. [...] E esse é o segredo de todo o método: assinalar cuidadosamente em todas as coisas o que é o mais absoluto, *maxime absolutum*"[6]. O paradoxo consiste, entretanto, em que existem graus nesse absoluto, em que ele é até relativo: "por exemplo, o universal é mais absoluto, *magis absolutum*, do que o particular porque tem uma natureza mais simples, porém, ao mesmo tempo, pode-se considerá-lo mais relativo, *magis respectivum*, porque depende dos indivíduos para existir [...]; do ponto de vista dos indivíduos, a espécie é algo absoluto; do ponto de vista do gênero, é algo relativo"[7].

1. Ver *Rhet. Herenn.* 1, 14, 24.
2. *Tim* 6, 20.
3. *Tim.* 4, 12.
4. Cícero, *De finibus* 3, 10, 33.
5. Ver Nicolau de Cusa, *De doct. ignor.* 1, 2, 5; 2, 5, 14.
6. Descartes, *Regulae...* 6 = AT 10, p. 381.
7. *Id.*, p. 382.

Abstractio, abstração

Operação química que permite ao intelecto separar o que está misturado, extrair uma qualidade, uma substância, uma essência: *abstrahere*, representar-se *à parte* a cor de um corpo, a alma de um homem, a natureza humana dos homens... O termo foi introduzido por Boécio, leitor do *Organon*, para traduzir a noção aristotélica de ἀφαίρεσις[1]; tornar-se-á usual na Idade Média: "designamos *per abstractionem*", escreve Abelardo[2], "as intelecções que ou contemplam a natureza de uma forma em si mesma, sem considerar a matéria sujeito, ou então refletem de modo indiferenciado sobre qualquer natureza, isto é, sem levar em conta as diferenças entre os indivíduos que dela dependem".

Entretanto, deve-se atentar para a distinção, importante na filosofia do século XIII, entre *abstracta* e *separata*: *abstracta* são o produto de uma *abstractio* (= τὰ ἐξ ἀφαιρέσεως), as formas extraídas pelo intelecto das *concreta*, ou seja, da matéria ou dos singulares em que elas se encontram; *separata* (= χωριστά) são as formas puras que existem forçosamente separadas de qualquer matéria; como as coisas divinas, objetos da metafísica.

1. Ver *In Isag. Porph. ed. sec.* 1, 11 = Brandt, p. 164.
2. *Tract. de intellectibus*, § 70.

Accidens, acidente

Sêneca foi o primeiro, até onde sabemos, a utilizar esse particípio presente sob forma substantivada, mas para designar acontecimentos acidentais (*accidentia* = τὰ συμβαίνοντα), que poderiam perturbar a constância do sábio; encontra-se um único exemplo de *accidens* no sentido do particípio perfeito aristotélico συμβεβηκός[1]. Entretanto, uma geração mais tarde, Quintiliano[2] atesta a equivalência entre os dois termos. No século III, a palavra entrou definitivamente na língua, como mostra a obra de Tertuliano, que define *accidens* como a coisa acessória que se adiciona à substância, *accedens res* (*ad-cedere* = acrescentar).

Mais fiel à etimologia, Caio Mário Vitoriano[3] define *accidens*: "o que acontece por acaso à substância", *quod in substantiam cadit*. Ele também transporá as três definições propostas por Porfírio em sua *Isagoge*, mas é a tradução de Boécio que será adotada durante toda a Idade Média: 1º *accidens est quod adest et abest praeter subjecti corruptionem*, "o acidente é o que está presente ou ausente sem corrupção do sujeito"; 2º *accidens est quod contingit eidem esse et non esse*, "o acidente é o que pode, de maneira contingente, estar numa coisa ou não estar nela"; 3º *quod neque genus neque differentia neque species neque proprium, semper autem est in subjecto subsistens*, "o que não é nem gênero nem diferença nem espécie nem característica própria, mas subsiste sempre num sujeito"[4].

Distinguem-se duas espécies de *accidentia*, os "separáveis" (*separabilia* = χωριστά) e os "inseparáveis" (*inseparabilia* = ἀχώριστα). Paradoxalmente, pode-se separar do sujeito um *accidens inseparabile* sem violar sua substância: suponhamos um corvo empoleirado no ombro de um filósofo que dorme de pé; tiremos-lhe, pelo pensamento, sua negritude; por muito branco que tenha ficado, continuará sendo um corvo, *substantialiter*. Pelo menos, é o que Boécio nos assegura...

1. *Epist.* 117, 3.
2. *Inst. Or.* 3, 6, 36 e 56.
3. *In Cic. rhet.* 1, 22.
4. *In Isag. Porph. ed. sec.* 4, 17 = Brandt, pp. 280 s.

Actio, actus, ação, ato

"A tradução dita 'clássica' de ἐνέργεια pelo latim *actus* [...] não pode ser mais antigrega. [...] Mas, em clima romano, é na verdade apenas aquilo que age, invadindo o resto para o 'impelir' a tornar-se o que ele não é."[1]

Segundo Ernout-Meillet, "o sentido original de *agere*, 'impelir para diante', pretendia exprimir a atividade em seu exercício contínuo, ao passo que *facere* exprime a atividade tal como é captada em determinado instante". Desse verbo, derivam dois substantivos: *actus* e *actio*. De acordo com o primeiro sentido do verbo, *actus* significa em primeiro lugar movimento[2], depois a atividade, a ἐνέργεια. Também é possível, como santo Tomás[3], na esteira de Aristóteles[4], denominar Deus *actus purus*, ou seja, princípio eterno e imutável de movimento, potência infinita jamais "em potência", sempre "em ato" (oposição *in potentia* ou *in potestate/in actu* // τῇ δυνάμει/τῇ ἐνεργείᾳ): a doutrina do Deus-Ser implica isso, pois *esse = in actu esse*[5].

Nesse sentido, Vitoriano utilizava também *actio*: *Deum nihil aliud esse quam [...] actio ipsa in agendo existens*[6], que P. Hadot traduziu ousadamente como: "il est l'acte en soi, dont tout l'être consiste à agir"*. De fato, *actio* substitui freqüentemente *actus* para significar o agir, a força que gera o movimento ou que se lhe opõe: "nós não usamos uma *actio* maior", escreve por exemplo Descartes[7], "para impelir um navio ao repouso numa água estagnada do que para o deter repentinamente quando ele se move".

Entretanto, *actio* corresponde geralmente ao grego πρᾶξις e designa: 1º a *ação* por oposição à *contemplação* (= θεωρία), 2º as manifestações efetivas do *actus*, por exemplo, a ação de entender, de sentir, de querer (*actio immanens*, porque ela permanece = *manet* no agente), ou a ação de aquecer, de cortar (*actio transiens*, porque ela passa = *transit* para uma matéria exterior; ver Tomás de Aquino[8], e 3º a maneira de agir, de um ponto de vista moral: assim, fala-se de uma *actio honesta*, de uma "bela ação", de uma *actio recta*, de uma "ação reta" (*Actio recta non erit nisi recta fuerit voluntas*[9]).

■ **Activus** (adj.): "A filosofia é ao mesmo tempo contemplativa e *activa*: ela observa e age em conjunto."[10] **Actualis** (adj.): que existe em ato e não em potência. **Actualitas** (subst. fem.): *esse est actualitas omnium actuum*[11]; *esse est actualitas omnis formae, vel naturae*[12].

1. J. Beaufret, *Dialogue avec Heidegger* 1, p. 124.
2. Cf. F. Bacon, *Novum organum* 1, 54.
3. *De potentia* q.1, a.1.
4. *Met.* 1072a.
5. Ver *In I Peri hermen.* lect. 5, n.73.
6. *Adu. Ar.* 4, 15.
* "É o ato em si, cujo ser consiste inteiramente em agir."
7. *Principia* 2, 26 = AT 8, p. 54.
8. *Summ. theol.* 1ª, q.18, a.3, ad 1.
9. Sêneca, *Epist.* 95, 57.
10. Sêneca, *Epist.* 95, 10.
11. Tomás de Aquino, *De potentia* q.7, a.2, ad 9.
12. *Summ. theol.*, 1ª, q.3, a.4.

Adaequatio, adequação

Neologismo medieval extraído do verbo antigo *ad-aequre* = tornar igual a, e ilustrado pela célebre definição da verdade como *adaequatio rei et intellectus*. De fato, essa fórmula, significando *grosso modo* a conformidade da idéia com a coisa representada mas suscetível de interpretações múltiplas, só se expandiu a partir do século XIII. Santo Tomás[1] a atribui ao filósofo judeu egípcio Isaac Israeli, mas também se pode revelar aí a influência de Avicena.

O particípio adjetivado *adaequatus* encontra-se, em particular, em duas expressões: 1ª a de *cognitio adæquata*, por meio da qual Leibniz designa o tipo de conhecimento *distinto* "em que tudo o que entra numa noção distinta é, por sua vez, distintamente conhecido, ou seja, quando se tem a análise levada a seu extremo"[2], em outras palavras, quando o conhecimento "iguala" seu objeto, os elementos constitutivos da noção. O conhecimento dos números aproxima-se disso; 2ª a de *idea adæquata*, por meio da qual Espinosa define "uma idéia que, na medida em que é considerada em si, sem relação com o objeto, possui todas as propriedades ou denominações intrínsecas da idéia verdadeira"[3]. "Digo intrínsecas," acrescenta Espinosa, "para excluir o que é extrínseco, a saber, a concordância da idéia com aquilo de que ela é a idéia", enquanto no livro precedente ele formula o axioma 6: "A idéia verdadeira deve convir com aquilo de que ela é a idéia."

1. *De veritate* q.1, a.1.
2. *Meditationes de cognitione...* = Dutens 2, 1, p. 15.
3. *Ética*, parte II, def. 4.

Adventicius, adventício

Este adjetivo antigo, formado a partir do verbo *ad-venire*, significa "vindo de fora": "Julgaremos porventura" pergunta Cícero, ao criticar a oniromancia[1], "que, durante um sonho, a alma do dormente emudece, ou então, segundo a opinião de Demócrito, que ela é abalada por uma visão externa e vinda de alhures (*externa et adventicia visione*)?" Do mesmo modo,

Descartes², em sua classificação provisória das idéias segundo sua origem, aplicará o adjetivo àquelas que não são nem inatas (*innatae*) nem feitas por mim mesmo (*a me ipso factae*).

1. De divinatione, 2, 58, 120.
2. 3ª Med. = AT 7, p. 37.

Aegritudo, sofrimento moral

Este substantivo feminino, derivado do adjetivo *aeger* = doente, aplica-se com maior freqüência à alma, e designa o "sofrimento moral" – noção que, segundo Cícero¹, engloba o abatimento (*molestia*), a inquietude (*sollicitudo*), a ansiedade (*angor*) – doença que "dissolve", por assim dizer, o homem interior (*ibid.*²; *cf.* o jogo etimológico λύπη/διάλυσις = *dissolutio*, no *Crátilo*³). Sua causa? "A idéia [falsa = *opinio*] da presença de um grande mal, e mesmo a idéia ainda viva de um mal que parece justo ser por ele atormentado."⁴

1. *Tusculanae* 3, 10, 22.
2. 3, 25, 61.
3. 419c.
4. *Ibid.* 3, 11, 25.

Aeterna veritas, verdade eterna

"Todos os filósofos contam entre seus feitos esse erro comum [...] Involuntariamente 'o homem' lhes aparece como uma *aeterna veritas*, como um elemento fixo em todos os redemoinhos, como uma medida segura das coisas", escreve Nietzsche¹, que emprega também a fórmula latina no plural para denunciar o otimismo metafísico e "sua confiança imperturbável nas *aeternae veritates*"². A expressão *aeterna veritas*, "verdade eterna", encontra-se pela primeira vez em *De natura deorum*³ de Cícero, em que ela designa então o *fatum*⁴. Mas, quando se fala das "verdades eternas", faz-se geralmente referência a santo Agostinho⁵. Ora, contrariamente à idéia recebida, o teólogo de Hipona jamais empregou do mesmo modo a expressão *aeternae veritates*; apenas o singular, *aeterna veritas*, e para significar a Verdade hipostasiada em Deus⁶. Por outro lado, para designar o que na época de Descartes eram chamadas "verdades eternas", ou seja, as proposições necessárias, transcendentes no pensamento, que são o princípio de todo conhecimento, por exemplo, 7 + 3 = 10, santo Agostinho empregava fórmulas como *verae atque incommutabiles regulae* "regras verdadeiras e imutáveis"[7].

1. *Humano, demasiado humano*, vol. I, cap. 1, § 2; trad. fr. Lacoste.
2. *O nascimento da tragédia*, §18.
3. 1, 20, 55.
4. Ver *infra s.v. amor fati*.
5. Ver, por exemplo, Malebranche, *De la recherche de la vérité* 3, 2, 6.
6. *De Trinitate* 10, 3, 5.
7. *De libero arbitrio* 2, 10, 29.

Aevum, duração

Assim como o grego αἰών, esse nome neutro designa, primeiramente, a duração de uma vida, e a vida que perdura. Dele deriva o feminino *aeternitas* (criado sem dúvida por Cícero, sobre o adjetivo *aeternus*, forma sincopada de *aeviternus*). A partir do século XIII, a diferença entre *aevum* e *aeternitas* será nitidamente marcada: segundo santo Tomás[1], o *aevum* é intermediário entre o tempo (*tempus*) e a eternidade (*aeternitas*). Esta última não se define somente pela interminabilidade – mesmo um mundo sem começo nem fim não seria, estritamente falando, *aeternus*, como Deus –, mas pela ausência de sucessão e de mudança, segundo a fórmula de Boécio freqüentemente citada: *interminabilis vitae tota simul et perfecta possessio*, "a possessão perfeita de uma vida sem fim simultaneamente completa"[2]. "Se à palavra *aeternitas* se acrescenta 'sempre' (*semper*), será feito do agora [divino imutável] o que flui sempre, infatigavelmente, o que é perpétuo, a *sempiternitas*."[3]

1. *Summ. theol.* 1ª, q.10, a.5; *In libr. I Sent.* d.8, q.2, a.2; d.19, q.2, a.1.
2. *Cons. phil.* 5, pr. 6.
3. Boécio, *De Trinitate* 4.

Affectio / -us (adfectio / -us), disposição, afeição

Para ir de Baias a Nápoles, num dia de mau tempo, Sêneca[1] seguiu pelo túnel de Pausilipo. A escuridão do lugar o sobressaltou: reação espontânea e natural, *naturalis affectio*, semelhante ao calafrio que se sente antes do combate, à vertigem que

15

se experimenta à beira de um precipício... Nada a ver, sublinha o filósofo, com o medo (*timor*), que é um *affectus*, movimento – não apenas irrefletido mas irracional – da alma, que se abandona e se deixa dominar pelas coisas exteriores, cativar por suas imagens. Que se evite tirar daí uma distinção nítida entre o substantivo feminino *affectio*, que descreveria um estado normal da sensibilidade humana, e seu duplo masculino, *affectus*, que designaria seu desregramento.

Aulo Gélio[2] e mais tarde santo Agostinho[3] atestarão a equivalência dos dois derivados de *ad-ficere* nos filósofos latinos para traduzir o grego πάθος. Entretanto, o uso estóico ordinário de *affectio* ou de *affectus* não deve fazer esquecer que, na origem, essas palavras não são marcadas de modo tão pejorativo. Elas exprimem o fato de ser colocada em certa disposição física ou moral uma διάθεσις, ou, em termos de duração, uma ἕξις do corpo ou da alma. Verifica-se regularmente nos diálogos de Cícero, sobretudo em suas *Tusculanae disputationes*: "Tal é a disposição particular da alma (*animi affectis*), tal é o homem", e inversamente[4]; assim a coragem, a *fortitudo*, será definida como uma *animi affectio*, "um estado de alma, em que esta é resistente para enfrentar o perigo, resistente à dor e ao sofrimento e, além disso, está longe do medo"[5]. É o contrário da *animi perturbatio*, perífrase pela qual Cícero traduz habitualmente πάθος[6].

Por conseqüência, compreende-se melhor o sentido neutro dado ao termo *affectus* por Espinosa no início da terceira parte da sua *Ética*, def. 3: "Por *affectus* entendo as *affectiones* do corpo, pelas quais a potência de agir desse corpo é aumentada ou diminuída, favorecida ou contrariada, e ao mesmo tempo as idéias dessas *affectiones*." Enquanto na "definição geral dos afetos" que conclui essa terceira parte Espinosa retomará a fórmula de Descartes em seus *Principia*[7], e identificará o *affectus* com um *animi pathema*, aqui ele distingue paradoxalmente os afetos-paixões e os afetos-ações; a potência destes últimos não nos conduz à servidão mas à liberdade, ou seja, à virtude e à beatitude: assim como o amor de Deus[8]. Que belo oximoro, esse *affectus-actio*!

Note-se, contudo, que *affectio* pode empregar-se também no jargão metafísico clássico para designar o que "afeta" uma substância, a modifica[9]. Trata-se, no fundo, apenas de um retorno ao significado original do termo: estado particular de uma coisa num momento dado, numa situação dada[10].

1. *Epist.* 57, 3-6.
2. *Noct. attic.* 1, 26, 10.
3. *Civ. Dei* 9, 4, 1.
4. 5, 16, 47.
5. 5, 14, 42.
6. Ver *Tusculanae* 3, 4, 7; 4, 5, 10.
7. 4, 190.
8. Ver Ch. Ramond, *Le vocabulaire de Spinoza*, Paris, 1999, p. 11.
9. Ver Descartes, *Princ. phil.* 1, 48; Espinosa, *Ética* 1, def. 5.
10. Ver Cícero, *De inventione* 2, 58, 176.

Affirmatio (adfirmatio), afirmação

Este substantivo feminino deriva do verbo *ad-firmare* = literalmente "tornar firme"; corresponde ao termo retórico grego διαβεβαίωσις, mas, em lógica, traduz o termo aristotélico κατάφασις. Boécio[1] define a *affirmatio* como um discurso "que une uma coisa a outra por certa participação; a negação, pelo contrário, distancia uma coisa de outra por certa separação. Por exemplo: 'todo homem é um animal': esse discurso une o animal ao homem, porque o homem participa de um gênero próprio, a saber, o gênero animal".

1. *In categ. Arist.* 4 = *PL* 64, c. 271d.

Aliquid, alguma coisa

Pronome indefinido neutro composto de *ali-* (= ἄλλο) e de *quid* (= τι). Esta etimologia não escapou a santo Tomás[1]: "Disse *aliquid* (= alguma coisa) para *aliud quid* (= outra alguma coisa); assim, da mesma forma que um ente, *ens*, é dito um enquanto indiviso em si, diz-se *aliquid* enquanto distinto dos outros." Mas também se pode postular, como Baumgarten[2], a equivalência simples *aliquid* = *non-nihil*, "o que não é nada".

1. *De veritate*, q.1, a.1, resp.
2. *Methaphys.* 1, 1, 1, § 8.

Alter ego, outro eu

Esta expressão ciceroniana, cujo aspecto oximórico se destaca na variante *alter idem*, aplicava-se a um amigo tão íntimo que se tornava seu duplo, um "outro eu mesmo". Husserl reutilizou a expressão na 5.ª de suas *Meditações cartesianas*, mas voltando a dar a *alter* seu sentido forte. De fato, esse adjetivo-pronome latino apresenta a mesma ambivalência do grego ἕτερος: assim, a fórmula *alter ego* pode exprimir tanto a gemelidade quanto a alteridade: "um outro eu", "um eu outro".

Amicitia, Amor, amizade, amor

"É ridículo dizer que se tem *amicitia* pelo vinho ou por um cavalo."[1] Por um cavalo?

"*Amor* é uma alegria acompanhada da idéia de uma causa exterior."[2]

Em grego, as coisas eram simples: dois verbos e dois substantivos bem distintos para distinguir duas formas de inclinação, de um lado φιλεῖν/φιλία, de outro ἐρᾶν/ἔρως. O latim tem um verbo, *amare*, que significa tanto *amar de amor* quanto *amar de amizade*, tanto *ter prazer em ver* ("gern sehen", como se dizia em alemão[3] quanto *fazer amor*; e dois substantivos derivados, um, *amor*, que traduz ἔρως mas também φιλία, que se aplica tanto aos homens quanto aos animais (lembremos os célebres versos de Virgílio[4]: *in furias ignemque ruunt; amor omnibus idem*), e o outro, *amicitia*, que corresponde, em princípio, a φιλία.

À primeira vista, os romanos louvavam esta e reprovavam aquele. Lembremos Lucrécio[5], que nos exorta a fugir dos simulacros de que o *amor* se nutre, a evitar a *cura*, o *dolor* que ele engendra, e – paradoxal higiene da alma – a "verter no primeiro corpo que se apresente o líquido acumulado em nós"[6] no estado amoroso. Releia-se Cícero[7], quando vitupera essa doença da alma, a mais violenta de todas: "E, com efeito, se o *amor* era coisa natural, todos os homens estariam sujeitos ao amor (*amarent*), e sempre, e do mesmo objeto, e um não se desviaria dele pela vergonha, outro pela reflexão e outro ainda pela saciedade." O *amor* é regularmente denunciado como a perversão da *amicitia* (Sêneca[8] chama-o *insana amicitia*). Mas que definição dar a esta última?

Devemos recordar a fórmula ciceroniana[9], fórmula de referência para a tradição humanista: "a *amicitia* não é outra coisa senão a mais elevada concordância de sentimentos (*consensio*) sobre todas as coisas divinas e humanas, acompanhada de benevolência e de afeição (*benevolentia et caritate*)"? Definição demasiado fria, nos parece, porque priva a *amicitia* da exaltação do amor, da emulação que ele provoca, até ao impulso sacrificial, em suma, dessa força de transcedência que Platão atribuía à φιλία: o que é um *amicus* senão "alguém por quem eu possa morrer" – *pro quo mori possim?*[10]

A *amicitia* – isso é fundamental – implica a reciprocidade: "ela propicia uma troca de prazer", escreve o médio-platônico Apuleio, "visto que põe no mesmo nível amor com amor"[11]. Mas não idealizemos: a troca pode ser de puro interesse (*utilitatis causa*), um simples comércio (*mercatura, negotiatio*) carnal ou social, em que se dá um prazer contra um prazer, um serviço por um serviço.

Inversamente, o *amor*, apesar das diatribes que o termo – tomado de modo absoluto – suscita freqüentemente entre os moralistas romanos, pode designar um desejo nobre, como o ἔρως platônico. Basta determinar a palavra para orientá-la para um bom termo: *cognitionis amor*, "amor ao conhecimento", *amor sapientiae*, "amor ao saber" (ver Agostinho[12]; assinale-se, porém, que Cícero traduzia o grego φιλοσοφία por *studium sapientiae*), ou ainda, *amor amicitiae*[13], fórmula que se interpretará não no sentido de "amor à amizade", mas no de "amor de amizade" (genitivo de natureza): não será o verdadeiro "amor", com efeito, segundo uma definição estóica, "a tendência (*conatus*), desencadeada pela visão da beleza, para criar a amizade"?[14] Tomás de Aquino retomará essa associação de palavras – apesar daqueles que a julgam contraditória, argüindo, de acordo com Aristóteles[15], que *amor est passio, amicitia vero est habitus* – e diferenciará *amor amicitiae / amor concupiscentiae*: "O que é amado com *amor de amizade* é amado simplesmente e *per se*, mas o que é amado com *amor de concupis-*

19

cência não é amado simplesmente e por si mesmo mas com vistas a outra coisa."[16]

Em suma, o autêntico *amor* é a *amicitia*, e vice-versa. Essa confusão dos dois termos surpreenderá um ouvido moderno, acostumado a distinguir com nitidez *amor* e *amizade*, de acordo com um critério de intensidade. Na realidade, *amicitia* substitui freqüentemente *amor* na literatura antiga tardia e medieval, e aplica-se nesse caso não apenas à afeição duradoura que dois seres humanos nutrem um pelo outro, mas também, pejorativamente, ao amor "mundano" (por exemplo, Agostinho[17], *amicitia rerum mortalium*), ou, de modo positivo, ao amor a Deus. Entretanto, *amicitia Dei* nos diz mais do que *amor Dei*: o primeiro termo implica, além disso, "*mutuam redamationem* [substantivo formado a partir do neologismo ciceroniano *redamare* = ἀντιφιλεῖν = "corresponder ao amor com amor"] *cum quadam communicatione mutua*, como diz Aristóteles no LivroVIII da *Ética*"[18], ou seja, quando o amante e o amado "se comunicam" – no sentido em que se fala de vasos comunicantes –, comunicam-se seus desejos.

Mas, quando a palavra *amor* estiver desembaraçada de todas as prevenções epicuro-estoicizantes dos romanos contra o desejo amoroso e sua loucura, ela tornará de algum modo supérfluo seu par *amicitia*, e o debilitará: *amor* designará simplesmente o fato de *amare*, um imenso desejo de prazer – desejo bom ou mau conforme o objeto seja bom ou mau, conforme a vontade seja reta ou perversa. Essa libertação da palavra, ouso dizer, remonta a Agostinho (ver, por exemplo, *Civ. Dei*[19], em que o teólogo se opõe a todos os que pretendem que *dilectio* e *caritas* devem ser sempre entendidas como bem, *amor* sempre como mal), afirma-se de maneira esplêndida no neoplatonismo da Renascença e culmina na *Ética* de Espinosa, em que acompanhamos as transmutações do termo até o *amor intellectualis*: a palavra não designa mais um afeto passivo, nem mesmo um afeto, mas, para retomar a fórmula de Ch. Ramond, o "desenvolvimento beatífico de nossa capacidade de conhecer". Era preciso, com efeito, redescobrir ἔρως sob *amor*, e uma das significações mais freqüentemente esquecidas da palavra grega: a *alegria*! Leibniz[20] não estava errado ao censurar Descartes por ter assimilado, de modo excessivamente simplista, *amor* e *cupiditas*.

1. Tomás de Aquino, *Summ. theol.* 2ª 2ᵃᵉ, q.23, a.1.
2. Espinosa, *Ética* 3, aff. def. 6.
3. Ver Leibniz = Dutens 1, p. 28.
4. *Georg.* 3, 244.
5. *DRN* 4, 1058 ss.
6. Trad. fr. Ernout.
7. *Tusculanae* 4, 34-35.
8. *Epist.* 9, 11.
9. = *De amicitia* 6.
10. Sêneca, *Epist.* 9, 10.
11. *De Platone*, 2, 13, 238.
12. *Civ. Dei* 8, 1.
13. Cícero, *Tusculanae* 4, 33, 70.
14. *Ibid.*, 34, 72.
15. *Ética* 8, c.5.
16. *Summ. theol.* 1ª 2ᵃᵉ, q.26, a.4.
17. *Conf.* 4, 6, 11.
18. Tomás de Aquino, *Summ. theol.* 1ª 2ᵃᵉ, q. 66, a.5.
19. 14, 7.
20. *De affectibus* = Grua 2, p. 520.

Amor fati, amor do destino

O amor do destino – ou, mais exatamente, de "*o que foi dito uma vez por todas*" (*fatum* < *fari* = falar), da série ordenada das causas e dos efeitos[1] enunciada desde sempre por toda divindade primordial. Fórmula muitas vezes utilizada por Nietzsche, particularmente numa passagem célebre de seu *Ecce homo*[2]: "Minha fórmula para a grandeza do homem é *Amor fati*: que não se queira ter nada mais, nem no futuro nem no passado, nem por toda a eternidade. Não somente suportar o que é necessário, menos ainda dissimulá-lo – todo idealismo é mentira diante da necessidade –, mas também amá-lo." *Fatum* = ἡ εἱμαρμένη.

1. Cf. Cícero, *De divinatione* 1, 55, 125.
2. 2, 10.

Amor sui, amor a si

Expressão ambivalente. É interpretada na maioria das vezes num sentido pejorativo, como a φιλαυτία dos gregos (apesar do emprego positivo do adjetivo φίλαυτος por Aristóteles[1], e designa então a complacência consigo mesmo, a cegueira narcísica, que fecha o homem não só aos outros mas a Deus; com efeito, "dois amores fizeram duas cidades, o amor a si (*amor sui*) até o desprezo de Deus, a cidade terrestre; o amor a Deus até o desprezo de si, a cidade celeste"[2]. Entretanto, Sêneca emprega também *amor sui* para traduzir a noção estóica de οἰκείωσις, ou mais exatamente sua principal manifestação: é "o *amor sui* e a vontade de durar e de se conservar implantados nele [pela natureza]" que fazem a morte apresentar-se ao homem como um mal[3]. Com efeito, a natureza "apropria" cada ser a ela e a si mesmo, "recomenda-o" a ele próprio para que ele se ame: οἰκείωσις é traduzido por *conciliatio* ou *commendatio*[4].

1. *Et. Nicom.* 1168a-1169b.
2. Agostinho, *Civ. Dei* 14, 28.
3. *Epist.* 82, 15.
4. Ver *Epist.* 121, 16, e Cícero, *De finibus* 3, 6, 21; 4, 13, 32; 5, 11, 33.

Anima / Animus, alma

"Sabemos o que é o *animus*? […] É um fogo, uma *anima* ou sangue?"[1]

Uma das primeiras coisas que o aprendiz de latim aprendia outrora sob a férula do mestre era distinguir a alma feminina, sopro vital produzido pelo elemento aéreo (ver Cícero[2]: "Entre o fogo e a terra, o deus demiurgo colocou a água e a *anima*"), que um parente recolhe cuidadosamente da boca do moribundo quando ele o exala no derradeiro momento, e a alma masculina, que a domina, a sustenta e a protege, princípio da energia interior, da coragem, da vontade e do julgamento. Entretanto, o aprendiz de latim logo se dava conta de que as coisas são mais complicadas.

Em primeiro lugar, porque o *animus*, que "dirige, modera e movimenta o corpo […] como o deus que ocupa o primeiro lugar (*princeps*), o faz para nosso mundo"[3], também deve, por vezes, ser dominado: *animum rege, qui nisi paret, / imperat*, "governa o *animus*, pois se ele não obedece comanda"[4]. É que o *animus* não é somente o lugar da razão, mas também o das paixões, transpassado por movimentos (*motus*) e impulsos (*impetus*) que cabe à *mens* regular: a *mens*[5], ou seja, essa parte principal (*princeps*) da alma-*animus*, na qual residem não apenas as faculdades intelectuais naturais, como o dom da memória ou a aptidão para aprender, mas também essas virtudes ditas "voluntárias", que são a prudência, a temperança, a força interior e a justiça[6]. Com efeito, *animus* corresponde aproximadamente ao que os gregos chamavam θυμός, esse órgão da interioridade, de onde nascem os pensamentos, os sentimentos, as vontades e as paixões do indivíduo – um θυμός que não seria exterior ao νοῦς, como sugere Platão, mas que o englobaria, um θυμός tão permeável, por outro lado, à ἐπιθυμία que pode deixar-se invadir por suas turbulências. Em suma, o *animus* é a alma inteira em relação ao corpo, é a ψυχή, sede da inteligência, da vontade, da afetividade, da sensibilidade – e da própria vida do indivíduo. Pois o *animus*, apesar da nítida oposição mencionada no começo, também pode adotar o sentido de *anima*, o sopro vital que foge do corpo ferido pelas mesmas vias que o sangue[7].

E, inversamente, acontece que *anima* se entende no sentido de *animus*, e designa até a faculdade de inteligência e de raciocínio[8]. A ponto de o substantivo feminino tender a eclipsar o masculino, para se tornar o único equivalente de ψυχή em sua mais ampla acepção. No século II, entretanto, em seu *De Platone*[9], Apuleio ainda emprega ambos os termos como sinônimos (Platão chama de coragem a "musculatura do *animus*" e de covardia "a fraqueza da *anima*"), com uma preferência, no entanto, pelo feminino quando se trata de expor a doutrina platônica da tripartição da alma, "senhora do corpo"[10], ou de sua imortalidade, e também quando se trata da alma do mundo[11]. No final da Antiguidade, Agostinho ainda utiliza as duas formas, em particular em seus primeiros escritos, em que se interroga sobre a natureza do *animus*, "uma certa substância dotada de razão, feita para dirigir o corpo"[12], e em que define o homem como uma "*anima* racional fazendo uso de um corpo mortal e terrestre"[13]. Encontra-se aí implícita a diferença original que, aliás, o teólogo africano enuncia, por vezes, ao invocar uma tradição: "Alguns autores de língua latina distinguem pela palavra *animus* o que faz a excelência do homem, e não se encontra no animal, da *anima*, que se encontra igualmente no animal."[14] Entretanto, para significar, em sua unidade, a alma que vivifica e governa o corpo do homem, a alma vegetativa, sensitiva, intelectiva (mas atenção ao anacronismo: essa terminologia é medieval; porém, a tripartição é antiga: o enciclopedista Varrão, segundo Agostinho[15], distinguia *tres animae gradus*, "três graus da alma", *vita, sensus, animus*), Agostinho comumente empregará *anima* como os outros escritores cristãos e como seu contemporâneo Calcidius, o tradutor-comentador do *Timeu* ("a *anima*, segundo Platão, é uma substância sem corpo, que se movimenta por si mesma, racional"[16]). Será esse também o uso na filosofia medieval: "Ao considerar a *anima* segundo ela própria [isto é, como substância espiritual], estaremos de acordo com Platão; ao considerá-la segundo a forma de *animatio* que ela imprime ao corpo, estaremos de acordo com Aristóteles."[17]

E na filosofia da época clássica? Lembremos a célebre *Meditatio secunda* de Descartes[18]: "Eu achava que me alimentava, que caminhava, que sentia e que pensava: ações essas que eu relacionava com a *anima*. Mas eu não fixava a minha atenção em que consistia essa *anima*, ou me contentava em imaginar algo sutil, como um fogo, um ar, um éter que se teria espalhado pelas partes mais densas de mim. [...] Mas o que acontece com essas coisas que eu atribuía à *anima*? [...] O pensamento é o único que não pode ser separado de mim. [...] Portanto, estritamente falando, sou apenas uma coisa pensante, ou seja, um espírito, *mens*, um *animus* [a tradução francesa revista e aprovada por Descartes escamoteia esse termo latino, mas como traduzi-lo tal qual, com efeito, sem cair num incômodo equívoco?], um intelecto [*intellectus*: o duque de Luynes traduziu por 'entendimento'], uma razão, *ratio*, vocábulos cuja significação me era antes desconhecida."

Por conseqüência, para designar a alma por oposição ao corpo, "a substância na qual reside imediatamente o pensamento" por oposição à "substância que é o sujeito imediato da extensão local e dos acidentes que a pressupõem, como a figura, a situação, o movimento local etc.", o filósofo substituirá *anima* por *mens*. Justificará essa substituição nas *Secundae Responsiones*[19] pelo "equívoco" da palavra *anima*, freqüentemente empregada para designar algo corporal. Explicar-se-á mais longamente nas *Quintae Responsiones*, ao replicar às objeções de Gassendi contra a passagem acima citada da *Meditatio secunda*. "Eu reconheço minha alucinação", ironiza Gassendi[20], "acreditava dirigir-me a uma alma humana (*animam humanam*), ou seja, a esse princípio interno pelo qual o homem vive, sente, se desloca, compreende; e me dirigia apenas a um espírito (*mentem*)..." "Vós buscais aqui a obscuridade", responde Descartes[21], "por causa do equívoco do vocábulo *anima*. Contudo, eu próprio a carreguei com tanto cuidado pelos lugares que convinham, que repugno repeti-lo aqui. Por isso direi apenas que os nomes foram, na maioria das vezes, impostos às coisas por incompetentes, e que por essa razão nem sempre correspondem às coisas de forma suficientemente apropriada; que por outro lado, desde que foram aceitos, não temos liberdade de os mudar, mas podemos somente corrigir suas significações quando vemos que não são compreendidas corretamente. Assim, visto que os primeiros homens talvez não distinguiram em nós o princípio pelo qual somos alimentados, crescemos e realizamos, sem pensamento algum, tudo o que temos em comum com os animais, daquele pelo qual pensamos, eles denominaram tanto um como o outro com o mesmo nome de *anima*. E, vendo em seguida que o pensamento era distinto da nutrição, eles chamaram o que pensa *mens*, e acreditaram ser essa a parte principal da *anima*. Mas eu, vendo que o princípio pelo qual somos alimentados é totalmente distinto daquele pelo qual pensamos, disse que o nome *anima*, quando se refere ao mesmo tempo a um e a outro, é equívoco; e que, para o aceitar precisamente no sentido de *primeiro ato* ou de *forma principal do homem*, ele deve ser somente entendido como o princípio pelo qual pensamos, e designei-o a maioria das vezes pelo nome de *mens* para evitar o equívoco. Pois considero a *mens* não como uma parte da *anima* mas como toda a *anima* pensante." Pode-se reduzir um pouco mais ainda o equívoco e dizer claramente que, na antropologia cartesiana, já não existe a necessidade de *anima*, desse sopro primeiro que bafeja a matéria inerte para fazer dela um corpo, um ser vivente, pois o organismo humano funciona por si mesmo[22]: o homem é uma coisa extensa (= *corpus*) + uma coisa pensante (= *mens*). Vê-se também Espinosa, que em seu *Tractatus de intellectus emendatione* empregava algumas vezes ainda *anima* – certamente com reservas, evitando na *Ethica* esse termo suspeito, em proveito de *mens*, que alguns tradutores traduzem por "alma"[23].

Por outro lado, Leibniz devolver-lhe-á seu lugar e toda a sua extensão. É costume assimilar o dinamismo leibniziano a um pampsiquismo, a um *animismo* universal; e, de fato, sendo todas as mônadas, *lato sensu*, substâncias dotadas de percepção e de apetição, elas são *animae*. Mas, entendida *stricto sensu*, a palavra se aplicará mais apropriadamente às mônadas dotadas de sentimento, ou seja, de percepção acompanhada de memória – aos animais, portanto, e aos homens. Estes são *animae* racionais ou, em outras palavras, *mentes*[24].

■ **Animal** (subst. masc.): significa às vezes "animal" na acepção moderna, isto é, a besta por oposição ao homem, mas designa principalmente o ser dotado de uma *anima*, o ser vivo (= ζῷον), com exceção das plantas – ao passo que seu alótropo, *animans*, engloba animais e vegetais. **Spiritus animalis /-es:** o "espírito animal" / os "espíritos animais"; fórmulas provenientes da fisiologia de Galeno, pelas quais os escolásticos, e Descartes em sua esteira, designavam partículas de sangue particularmente sutis, intermediárias entre o ar e o fogo, que circulando no corpo por minúsculos canais, das cavidades do cérebro até os nervos e os músculos, asseguram a transmissão das sensações e dos movimentos voluntários[25].

1. Cícero, *Acad. prior.* 2, 39, 124.
2. *Tim.* 5, 15.
3. Cícero, *De republica* 6, 24, 26.
4. Horácio, *Epist.* 1, 2, 62 ss.
5. Ver *infra s.v.*
6. Ver Cícero, *De finibus* 5, 13, 36.
7. Ver, por exemplo, Virgílio, *Eneida*, 10, 487; e a nota de A.-S. Pease *ad* Cícero, *De nat. deor.* 2, 6, 18, p. 594.

8. Ver Pease, *ibid.*
9. Ver, por exemplo, 2, 21, 249.
10. Ver 1, 13, 207; 1, 18, 216.
11. Ver 1, 9, 199.
12. *De quantitate animae* 13, 22.
13. *De moribus ecclesiae* 1, 27, 52.
14. *De Trinitate* 15, 1, 1.
15. *Civ. Dei* 7, 23, 1.
16. *Comm.* c. 226.
17. Alberto Magno, *Summ. theol.* 2, tr. 12, q.69, m.2, a.2.
18. AT 7, pp. 26 ss.
19. Def. 6 = AT 7, p. 161.
20. AT 7, p. 263.
21. AT 7, pp. 355 ss.
22. Ver *Traité de l'homme* e *Disc. de la méth.* V.
23. Cf. *Renati Descartes princ. phil.* 1, praef.: *mens sive anima*.
24. Ver, por exemplo, *Epist. ad Vagnerum* 3 = Dutens 2,1, p. 227.
25. *Epist. ad Vorstium* = AT 3, p. 687.

Anitas, anidade

Segundo os retores antigos, há três perguntas fundamentais sobre cada objeto de controvérsia: *an sit?* "acaso ele existe?" *quid sit?* "o que ele é?" *Quale sit?* "De que gênero é?"[1]. A primeira refere-se à existência da coisa, ao seu *anitas*, para usar o estranho neologismo empregado pelos tradutores da *Metafísica* de Avicena para traduzir a palavra árabe "anniyya" = "o-se ele-é", e que Mestre Eckhart adotará em sua *Expositio libri Exodi*.

1. Ver Martianus Capella, *Rhet.* § 444.

Anticipatio, conhecimento antecipado

Termo epicurista e estóico. Noção não inata mas natural que se constitui espontaneamente em todo homem a partir da experiência sensorial: ver Cícero[1]. Tradução de πρόληψις. Sinônimo: *praenotio*.

1. *De nat. deor.* 1, 16, 43 ss.

Appetitio / -us (adpetitio / -us), desejo, apetição

Estes dois substantivos, derivados do verbo *ad-petere* = "buscar alcançar", são dados por Cícero[1] para as traduções do grego ὁρμή, termo com que os estóicos designavam o movimento pelo qual a alma se dirige para alguma coisa e, mais particularmente, a tendência instintiva inscrita pela natureza em cada ser e que constitui necessariamente seu princípio de ação inicial. Sem dúvida, *appetitio* e *appetitus* podem, às vezes, traduzir-se por "apetite", "desejo" (por exemplo, Apuleio[2]: é a terceira parte da alma, a *"cupiditas"*). Mas não se deve perder de vista que essas palavras exprimem originalmente – como ὁρμή, como ὄρεξις – um *movimento* na direção do objeto a atingir: *nam appetere est quidam motus in aliud tendens*[3].

Espinosa reutilizará o termo masculino (*-us*), do qual criou um modelo do famoso *conatus*[4]: "O esforço [de perseverar em seu ser], quando se refere apenas ao espírito, chama-se vontade, *voluntas*; mas, quando se refere ao mesmo tempo ao espírito e ao corpo, chama-se *appetitus* [...] Além disso, entre o *appetitus* e o desejo, *cupiditas*, não há diferença, a não ser que o desejo se aplica geralmente aos homens, quando estes têm consciência de seu *appetitus*, e é por isso que pode ser assim definido: *Cupiditas est appetitus cum ejusdem conscientia*."[5]

Leibniz fará do *appetitus* (que será traduzido por "appétition" em vez de "appétit", embora ele próprio utilize as duas formas em francês) uma das determinações da mônada, e a definirá assim: *agendi conatus ad novam perceptionem tendens*, "um esforço de agir que tende para uma nova percepção"[6].

1. *Acad. pr.* 2, 8, 24; *De finibus* 3, 7, 23; 4, 14, 39; 5, 6, 17; *De nat. deor.* 2, 22, 58; *De officiis* 1, 28, 101; 2, 5, 18.
2. *De Platone* 1, 18, 216.
3. Tomás de Aquino, *De anima* 3, c.9.
4. Ver *infra s.v.*
5. *Ética* 3, prop. 9. esc.
6. *De anima brutorum* 12 = Dutens 2, 1, p. 232.

Apprehensio (adprehensio), apreensão

Segundo são Boaventura[1], a alma, sendo finita, conhece Deus, infinito, *per apprehensionem* e não *per com-prehensionem*. Com efeito, a *com-prehensio*[2] é uma envolvente apreensão, que circunscreve o seu objeto; a *ad-prehensio* é um movimento para apreender esse objeto. Esse substantivo tardio, derivado do verbo clássico *ad-prehendere*, adquire importância na terminologia filosófica a partir do Avicena latino³, que designa o ato pelo qual a alma se apossa da forma de uma coisa, sensível ou inteligível, abstraindo-a de sua matéria – sendo a apreensão pura, *apprehensio nuda*, da competência do intelecto.

1. *In 1 libr. Sent.* d.3, p.1, a.1, q.1.
2. Ver *infra s.v.*
3. Ver *Lib. de anima* 2, 2.

A priori vs A posteriori

Lembremos que no momento em que Cândido quer socorrer seu benfeitor em apuros, o anabatista Jacques, "o filósofo Pangloss o impede de fazer isso, provando-lhe que a baía de Lisboa tinha sido formada de propósito para que esse anabatista aí se afogasse. Enquanto ele o provava *a priori*, o navio fende-se etc."¹. O doutor Pangloss acaso raciocina como escolástico ou como leibniziano?

Para os medievais, a demonstração *a priori* faz-se *per causam* ou, mais precisamente, procede *ex causis ad effectum*; a demonstração *a posteriori*, pelo contrário, faz-se *per effectum*, ou seja, remonta *ab effectibus ad causas*. "Há uma demonstração cujas premissas são totalmente anteriores (*priores*) à conclusão, e ela se chama demonstração *a priori* ou *propter quid*. Há uma demonstração cujas premissas não são, em absoluto, anteriores à conclusão, porém são mais bem conhecidas por aquele que opera o silogismo, de modo que por meio delas ele chega ao conhecimento da conclusão; a tal demonstração dá-se o nome de demonstração *quia* ou *a posteriori*. Por exemplo, se uma pessoa que ignora que um eclipse da Lua está acontecendo, mas que conhece o curso e o movimento dos planetas, considera estas premissas "quando a Lua se encontra em tal posição, então há um eclipse lunar; ora, a Lua encontra-se atualmente nessa posição", e a partir dessas proposições chega ao conhecimento desta conclusão "atualmente está acontecendo um eclipse da Lua", ela sustenta uma demonstração *a priori* e *propter quid* [...] Inversamente, se outra pessoa, que vê um eclipse da Lua, mas que ignora que a Terra se coloca diante dela, raciocina assim: "quando há eclipse da Lua, a Terra coloca-se entre a Lua e o Sol; ora, atualmente há um eclipse da Lua; portanto, atualmente a Terra está colocada diante dela", esta pessoa faz uma demonstração *a posteriori*; ela sabe que a Terra se coloca diante da Lua, não sabe, porém, por que isso ocorre; ela sabe que (*quia*) é assim, mas não sabe por que (*propter quid*) é assim[2].

Leibniz confere uma significação nova às duas expressões *a priori* e *a posteriori*, designando pela primeira o que é conhecido de maneira puramente lógica – *per rationes* – anteriormente a toda experiência, e pela segunda o que, pelo contrário, é induzido da experiência[3]. E sabe-se a importância dessas fórmulas latinas na *Crítica da razão pura*, na qual Kant estabelece um critério infalível para distinguir os conhecimentos *a priori* dos conhecimentos *a posteriori*: a necessidade e a universalidade caracterizam os primeiros[4].

1. *Cândido*, cap. 5.
2. Guilherme d'Ockham, *Summ.* log. 3-2, 17; ver Aristóteles, *Anal. Post.* 78a-79a.
3. Ver *specimen inventorum*...15.
4. Ver J.-M. Vaysse, *Le vocabulaire de Kant*, Paris, 1998, p. 9.

Aseitas, aseidade

Quem ousará dizer que a língua latina é filosoficamente pouco inventiva? Tome-se a preposição *ab*, que marca a origem – sobretudo, a origem de uma ação –, o pronome reflexo da terceira pessoa *se*, junte-se a eles um sufixo e se terá assim um substantivo cômodo para designar a qualidade daquele que possui o *esse* em si mesmo (*a se*) – portanto, Deus. Deve-se, todavia, constatar que essa bela abstração – que tem por contraparte o termo *abalietas* (qualidade do que liga seu ser a outro, *ab alio*) – é uma criação da escolástica tardia.

Assinale-se, além disso, que a fórmula *a se* aplicada a Deus não é corrente no pensamento medieval, contrariamente à idéia consagrada. Ela apareceu em Mário Victoriano, em uma variação preposicional sobre o "viver de Deus", que é "de si, para si, por si, em si, único, simples, puro, sem princípio de existência"[1], ou em Hilaire de Poitiers[2], mas permanece rara, e é preciso muito cuidado, sobretudo, para não confundir *esse a se* (= "ser de e por si") com *fieri a se* (= lit. "ser feito por si"): Deus tem *por si mesmo* de ser e ser o que é (ver Anselmo de Cantuária[3]; Agostinho[4] dizia *em si: habens in se ut sit*); isso não significa que ele é a causa de si mesmo: *summa natura nec a se nec ab alio fieri potuit*[5].

1. *Adv. Arium* 4, 4: *a se, sibi, per se, in se, solum, simplex, purum, sine exsistendi principio.*
2. *De Trinitate* 2, 7: *a semetipso et ipse per se sit.*
3. *Monologion* c. 26.
4. *De Genesi ad litt.* 5, 16, 34.
5. Anselmo, *Monologion*, c. 6; ver *infra s.v. causa sui.*

Assensio (adsensio), assentimento

Assentimento [a uma representação] = συγκατάθεσις[1]; *Assensionis retentio* = suspensão do assentimento = ἐποχή[2]. Não confundir com o parônimo *ascensio* (ou *ascensus*) = ἀνάβασις = ascensão (por exemplo, do sensível aos inteligíveis).

1. Ver Cícero, *Acad. post.*, 1, 11, 40; *Acad. prior.* 2, 12, 37.
2. Ver *Acad. prior.* 2, 18, 59.

Attributum (adtributum), atributo

Particípio passado passivo neutro, substantivado, do verbo *adtribuere* = "atribuir como próprio de". A retórica antiga chamava de *attributa* todos os elementos que contribuem para caracterizar uma pessoa e uma ação; assim, o orador, quer se trate para ele de acusar, de vituperar – ou o inverso –, extrairá sua argumentação do nome do indivíduo julgado, de sua natureza, de seu tipo de vida, de sua condição, de sua maneira de ser, de sua sensibilidade, de seus gostos, de seus projetos, de sua conduta, do que lhe aconteceu, de suas declarações, das causas, das circunstâncias e das conseqüências de seu ato[1]. Por mais particular que pareça, esse emprego de *attributum* é instrutivo e nos previne contra uma visão excessivamente lógico-gramática: o sentido de "atributo do sujeito", familiar aos escolares, não é primeiro.

Certos *attributum* tornam-se, no jargão escolástico, um equivalente de *praedicatum*[2] e designam então, numa proposição, o que é enunciado do sujeito, o que lhe é "atribuído" pelo intermediário de uma cópula³. Mas os filósofos reutilizarão a significação primeira da palavra: característica atribuível a uma substância e que ajuda a conhecê-la. Entretanto – para retomar a classificação ciceroniana dos *attributa personis* – a condição social de um indivíduo é tão importante para sua definição quanto sua "natureza" (entenda-se com isso sexo, origem genética, temperamento, aptidões físicas⁴)? Ao contrário do rétor, o filósofo distinguirá nitidamente os atributos superficiais e contingentes dos atributos essenciais: "Por modos (*modos*) entendemos aqui a mesma coisa que por atributos (*attributa*) ou qualidades (*qualitates*). Mas, quando consideramos que sua substância foi afetada, ou sofreu mudanças, falamos de *modi*; quando ela pode tirar seu nome dessa mudança, falamos de *qualitates*; e, por fim, quando, mais geralmente, levamos em conta apenas o fato de que essas coisas estão na substância, falamos de *attributa*. É por essa razão que dizemos que em Deus não há propriamente *modi* ou *qualitates* mas somente *attributa*, porque nele não se deve conceber nenhuma mudança. E, mesmo nas coisas criadas, o que jamais se encontra nelas segundo diferentes modos, como a existência e a duração, numa coisa que existe e que dura, não deve ser chamado de qualidades ou modos mas *attributa*."⁵ Espinosa chegará a fazer do *attributum* "o que o entendimento percebe de uma substância como constituindo sua essência"⁶.

1. Ver Cícero, *De inventione* 1, 24, 34 ss.
2. Ver *infra s.v.*
3. Ver *ISC* nº 371.
4. Ver *De inventione*, 2, 9, 29.
5. Descartes, *Princ. phil.* 1, 56 = AT 8, p. 26.
6. *Ética* 1, def. 4.

Beatitudo, felicidade

Segundo Ernout-Meillet, o sentido primeiro do adjetivo *beatus*, do qual foi tirado o substantivo feminino *beatitudo* (que é ainda um hápax em Cícero), parece ter sido: *acumulado* de bens, tendo tudo o que precisa, não tendo *nada a desejar*. "Não vejo nada", nota com efeito Cícero¹, "que o homem feliz (*beatus*) poderia desejar possuir a mais para aumentar sua felicidade (literalmente = para ser mais feliz, *beatior*), pois, se alguma coisa lhe falta, é também a felicidade que lhe está faltando." E, portanto, o homem rico, *beatus* no sentido de que possui bens em abundância², não é verdadeiramente *beatus*, visto que, em princípio, está sempre ávido por possuir mais: conhece-se esse lugar-comum da diatribe moral...

O latim antigo distinguia o *beatus* e o *felix* como o homem plenamente satisfeito com sua existência, fosse ela tecida de eventos infelizes, e o homem favorecido pela sorte, a quem tudo acontece de acordo com seu desejo e sua vontade (mas, atenção!, Sêneca utiliza freqüentemente *felicitas* no sentido de *beata vita*³). E, de fato, a filosofia considera a *beatitudo* um estado interior, uma *coisa da alma*, o que não quer dizer puramente subjetiva. Pois, para que o homem atinja essa deleitação absoluta e ilimitada que é a *beatitudo*, não basta que sua imaginação esteja repleta; é preciso que ele possua efetivamente a perfeição de sua natureza. É necessário ainda entender a definição desta última. Virtude? Contemplação de Deus? Pode-se pensar, sem dúvida, como santo Tomás⁴, que existe uma forma de *beatitudo* (ou *felicitas*, sinônimo na terminologia medieval) incoativa, felicidade imperfeita do homem que tem a esperança da beatitude eterna e que dela desfruta, por assim dizer, metonimicamente, por participação. Mas sejamos exigentes com as palavras: o que é uma *beatitudo* que não seja satisfação plena?

1. *Tusculanae* 5, 8, 23.
2. Cf. Varrão, *L.L.* 5, 17.
3. Ver A. Pittet, *Vocabulaire philosophique de S.*, p. 131.
4. *Summ. theol.* 1ª 2ᵃᵉ, q.5, a.3 resp.

Bonum, o bem, um bem

"*Bonum* deriva de *boare*, que significa *vocare* [isto é, chamar]."¹

Na origem, o adjetivo *bonus* aplicava-se a objetos diversos – em especial agrícolas – a fim de exprimir sua excelência: um vinho, uma terra que possuem as qualidades supostamente próprias de sua natureza. Da mesma maneira, ele qualificará um homem que preenche perfeitamente sua função ou, mais amplamente, que é conforme a sua definição: assim, o *bonus vir* é "aquele que manifesta no mais alto grau seu caráter de *vir*, ou seja, sua *virtus*"[2]. Essa noção pode ser entendida socialmente: "o homem que possui *savoir-vivre*, aquele que preenche seus *officia*, que dá provas de *humanitas*, [...] em suma, o *honnête homme** no sentido que o século XVII dava a essa expressão, 'aquele que acrescenta ao seu nascimento a cultura do espírito e as maneiras do mundo'"[3]; pode-se também entendê-la moralmente: o *vir bonus* é o *sapiens*, o homem "dotado e ornado de todas as virtudes"[4], o homem formado pela filosofia[5], aquele cujos costumes são louváveis[6].

Mas, é preciso insistir nesse ponto, o adjetivo *bonus* não tem necessariamente uma acepção ética, assim como o substantivado neutro *bonum*. Alberto Magno[7] distingue nitidamente o *bem* no sentido ontológico e o *bem* no sentido ético, *bonum naturae e bonum moris*. Leibniz[8] propõe outra divisão: o *bonum metaphysicum*, que consiste na perfeição das coisas, possuam elas inteligência ou não, o *bonum physicum*, que se entende como o bem-estar das substâncias inteligentes, e o *bonum morale*, que se entende de suas ações virtuosas. Não se ignora, entretanto, que para Leibniz esse "bem moral" tem um fundamento na natureza universal, a natureza das coisas, e que está, assim como o "bem físico", englobado no "bem metafísico", sendo este definido pela "quantidade de essência"[9], o grau de ser.

Velho axioma agostiniano, o bem é a razão do ser e, portanto, o *summum bonum* é idêntico ao *summum esse*[10], ou seja, a Deus. Pode-se, é certo, tentar determinar a natureza do *summum bonum* por indução anagógica: 1º a alma é o *bem* do corpo, dando-lhe sua perfeição, a vida; 2º Deus é o *bem* da alma, dando-lhe sua perfeição, a virtude[11]; 3º portanto, Deus é o bem acima de todos os bens, o "bem supremo" (ou o "bem supremamente": encontram-se as duas formas *summum bonum* e *summe* [adv.] *bonum*). Mas, para Agostinho, é fundamentalmente o primado ontológico de Deus que faz dele o bem supremo[12]: ele é o bem supremo do *homem (summum bonum hominis)* porque ele é o bem supremo *em si mesmo (summum bonum per se)*.

Há, com efeito, duas maneiras principais de abordar o problema do *summum bonum*: ou este é definido como o fim do homem e determinado em função da natureza deste, considerada em sua perfeição própria – como os estóicos, que o identificam com a excelência moral, com a *honestum*[13]; ou é afirmada a realidade de um *bonum* absoluto, transcendendo todos os bens de que ele é o princípio – como os "platônicos", para quem o bem do homem consiste no conhecimento e na imitação do Bem divino[14].

Mas a própria noção de *summum bonum* supõe a existência de outros *bona* – a menos que se adote o radicalismo estóico de um Aristo (ver Cícero[15]: *nihil esse bonum, nisi virtutem; neque malum, nisi quod virtuti esset contrarium*). Existem diferentes classificações hierárquicas dos *bona*, mas todas se inspiram mais ou menos na divisão peripatética, que distingue três categorias[16]: em primeiro lugar, os bens da alma, em segundo lugar os do corpo e, por último, os bens exteriores, os chamados bens de fortuna, em particular os bens no sentido econômico.

Vê-se, pois, a variedade dos valores – do mais nobre ao mais material – que o termo *bonum* pode tomar. Mas não foi assinalada no início a própria ambigüidade de um adjetivo que pode exprimir tanto a qualidade intrínseca de uma coisa, quanto sua qualidade relativa numa situação dada, sua aptidão para uma função dada? À maneira de Espinosa[17] também se poderá definir *bonum* como "o que sabemos com certeza nos ser útil".

1. Tomás de Aquino, *In libr. I Sent.* d.8. q.1 a.3.
2. J. Hellegouarc'h, *Le vocabulaire latin...*, p. 485; ver *infra s.v. virtus*.
* O homem civilizado. (N. da R.T.)
3. *Ibid.*
4. Cícero, *Tusculanae* 5, 10, 28.
5. *De divinatione* 2, 1, 3.
6. *Paradoxa Stoic.* 2, 19.
7. *De bono* tr. 1, q.2.
8. *Causa Dei...*, 29 ss. = Dutens 1, p. 478.
9. *De rerum originatione radicali* § 4.
10. Ver *De vera religione* 18, 35.
11. Ver Agostinho, *De moribus ecclesiae* 1, 4, 6 ss.; *Soliloquia* 1, 12, 21.
12. Ver *De duabus animabus* 8, 10.

13. Ver *infra s.v.*, e Cícero, *Acad. post.* 1, 10, 35.
14. Ver Agostinho, *Civ. Dei* 8, 8.
15. *Acad. prior.* 2, 42, 130.
16. Ver Cícero, *Tusculanae* 5, 30, 85.
17. *Ética* 4, def. 1.

Causa, causa

O caminhante mordido por uma víbora não tem o que temer desde que carregue consigo sua caixa verde de *Aspivenin*: como recorda o adágio escolástico gravado na seringa, *sublata causa tollitur effectus* ("Suprimida a causa, o efeito é suprimido"). O substantivo feminino *causa* corresponde ao grego αἰτία ou ao seu alótropo αἴτιον. Significa a "causa" sob todas as suas formas. Ora, "tudo o que é engendrado é necessariamente engendrado pela ação de uma causa (*ex aliqua causa*); não podemos descobrir a origem de nada se descartamos a *causa*"[1]. Axioma capital e freqüentemente repetido, por exemplo, no tratado *De divinatione*[2], a propósito dos prodígios: "Tudo o que sobrevém […] tem necessariamente uma *causa* na natureza. […] No caso de um fenômeno novo e surpreendente, trata de buscar-lhe, se podes, a *causa*; se não a descobres, considera certo, porém, que nada pôde se produzir sem *causa*; e o terror que pôde causar a novidade do fenômeno, desembaraça-te dele por uma explicação racional e natural."

A *causa* "é o que *produz efetivamente* (*efficit*) aquilo de que é a causa, como o ferimento é a causa da morte, a má digestão da doença, o fogo do calor. Assim por *causa* não se deve entender o antecedente de uma coisa, mas um antecedente que a *produz efetivamente*. […] Tíndaro não foi a causa do assassinato de Agamêmnon por ter sido o progenitor de Clitemnestra […] Não é aquilo *sem o qual* não se faz alguma coisa que é uma *causa*, mas o que, ao sobrevir, *produz efetiva e necessariamente* aquilo de que é a *causa*"[3]. Por essa definição estrita, o filósofo romano opõe-se não apenas aos que estendem a noção de *causa* à coincidência de eventos, como também aos que, como Crisipo, afirmam que a cadeia do destino é constituída das causas chamadas προκαταρκτικά, "procatárticas", ou seja, todas as circunstâncias anteriores sem as quais um evento não poderia se produzir.

Em seus *Tópicos*[4], entretanto, o Cícero (rétor) reconhecia "dois gêneros de *causae*", a *causa efficiens*, que "por sua própria força produz com toda a certeza o efeito que depende dela" (*vi sua id quod sub ea subjectum est, certo efficit*) – como a chama é *causa efficiens* do fogo –, e a *causa non efficiens*, mas sem a qual não existe efeito possível – como o bronze, sem o qual a estátua (de bronze!) não poderia ser feita.

Note-se que esta última causa entrava na classificação corrente herdada de Aristóteles[5], a das quatro αἴτιαι, assim traduzida por Sêneca[6]: "A primeira *causa*, diz ele, é a própria matéria (*materia*), sem a qual nada pode ser produzido efetivamente; a segunda, o trabalhador (*opifex* = aquele que faz a obra); a terceira é a *forma* que é imposta a cada obra, como à estátua – o que ele chama *idos*. Uma quarta, segundo ele, que se junta a elas é o desígnio (*propositum* = o fim que o criador se propôs) da obra em sua totalidade. [...] A essas causas, Platão [pelo menos um Platão doxográfico!) adicionou uma quinta, o modelo (*exemplar*), que ele chama *idea*: aquilo em que o artista fixa seu olhar para realizar a obra projetada." É muito ou é muito pouco, prossegue Sêneca, pois, se esses filósofos consideram como *causa faciendi* [isto é, a causa que faz com que uma coisa seja feita] tudo aquilo sem o qual não existe efeito possível, então que contem também entre as *causae* o tempo, o lugar, o movimento...

Se acreditassem em Sêneca, os estóicos, paradoxalmente, admitiriam apenas uma única causa, *una causa*, e a identificariam com o princípio ativo ("aquilo que faz" = *quod facit* = τὸ ποιοῦν; var. "aquilo por quem alguma coisa é feita", ***a quo fiat aliquit***), por oposição à *materia*, ao princípio passivo ("aquilo a partir do qual alguma coisa é feita", ***unde** fiat aliquid* = τὸ πάσχον). Essa *causa* tem outro nome: *ratio*, "razão", *ratio faciens* – nós traduzimos como "razão eficiente", mesmo que Sêneca não utilize o particípio composto, porque se trata, na verdade, de uma razão "ef-ficiente", isto é, que deflagra a passagem da potência ao ato, instruindo a matéria.

Causa id est ratio.[7] A fórmula parece anunciar o axioma das *Secundae responsiones* de Descartes[8]: "Nenhuma coisa existe sobre a qual não se possa perguntar qual é a *causa* por que ela existe. Pois isso pode-se perguntar do próprio Deus, não que ele tenha necessidade de uma *causa* para existir, mas porque a própria imensidade de sua natureza é a causa ou a razão (*causa sive ratio*) pela qual ele não tem necessidade de nenhuma causa para existir." Encontra-se a equivalência em Espinosa[9]: "Para cada coisa devemos assinalar uma causa, ou razão (*causa, seu ratio*), tanto de sua existência como de sua não-existência [...]. E essa *ratio*, *sua causa* deve estar contida ou na natureza da coisa [por exemplo, um círculo quadrado] ou fora dela." Vê-se que, apesar da semelhança das fórmulas, essa *causa-ratio* não é a do estóico Sêneca: naquele, ela se identificava com o λόγος divino, com o raciocínio divino que organiza a matéria; neste, a designa ao mesmo tempo um princípio de inteligibilidade e um princípio eficiente, um princípio lógico e um princípio real.

Ora, em sua tese *Sobre a quádrupla raiz do princípio de razão suficiente*[10], Schopenhauer denunciou justamente a confusão das duas: *causa* não é *ratio*, a menos que se entenda, como Leibniz[11], a *realis ratio*: "Há uma *razão* na Natureza para que alguma coisa exista em vez de nada [...] Essa *razão* deve encontrar-se em algum *Ser* real, ou seja, uma *causa*. Pois a *causa* não é mais do que uma *razão real*; e as verdades das possibilidades e das necessidades [...] não produziriam efetivamente alguma coisa se estivessem fundadas numa <coisa> existente em ato." A *causa* é uma "coisa" que desencadeia ou produz outra – se nos permitem esse jogo etimológico às avessas (coisa < *causa*, na acepção jurídica de "caso").

A partir disso, os filósofos medievais, restritos à tipologia aristotélica das quatro causas, elaboraram uma nomenclatura complexa. Assinalemos as expressões mais importantes e as mais correntes. *Causa essendi / causa fiendi*: o pai (natural) é a *c.f.* de seu filho, visto que seu filho *é feito* por ele, mas continua a ser, mesmo que ele desapareça; por outro lado, o Sol que gera a luz é sua *c.e.*, visto que a luz *é*, na medida em que ele próprio age. *Causa principalis/causa instrumentalis*: enquanto a *c. princ.* produz seu efeito por sua própria virtude, a *c. instr.* só age sob o impulso de outro; assim, o arqueiro que me matou é a *c. princ.* de minha morte, a flecha é sua *c. instr.* Distingue-se também o arqueiro, *causa efficiens physica* do homicídio, de sua *causa efficiens moralis*, o Príncipe Negro que o encomendou. *Causa prima/causa secunda*: a *causa primeira*, "causa das causas", aquela que não tem ela própria causa e que causa a causalidade das *causas segundas*, é Deus; a *c. prima*, a causa divina, poderia dispensar as *c. secundae* e agir por si mesma; o problema consiste em saber se as *c. secundae*, movidas pela *c. prima*, se reduzem a *causas instrumentais* ou se são, em sua categoria, causas totais de seus efeitos.

■ **Causalitas** (subst. fem.): se o adjetivo *causalis* já aparecia em santo Agostinho em seu grandioso comentário *De Genesi ad litteram* (na expressão *rationes causales* – equivalente de *rationes seminales* – que designa os germes latentes de todas as coisas criadas por Deus na origem e destinadas a desenvolver-se na continuação dos tempos), o substantivo *causalitas* é um termo medieval que designa seja o poder de ser causa, seja o fato de ser causa. Os filósofos medievais utilizam também o verbo *causare* e o substantivo *causatio*, como em Duns Scot[12]: "A ação causal (*causatio*) de nenhuma causa pode preservar a contingência, a menos que postule que a causa primeira (*prima causa*) causa (*causare*) de modo imediatamente contingente, e isso colocando na causa primeira uma causalidade (*causalitas*) perfeita."

1. Cícero, *Tim.* 1, 2 = Platão, *Tim.* 28a.
2. 2, 28, 60.
3. Cícero, *De fato* 15, 34, e 16, 36.
4. 15, 58.
5. *Metaph.* 983a-b.
6. *Epist.* 65, 4 ss.
7. *Ibid.* 2.
8. AT 7, p. 165.
9. *Ética* 1, pr. XI dem.
10. Ed. 1847, c. 2, § 7 ss.
11. *Op. ined.*, Couturat, p. 533.
12. *Op. Ox.* 1, d. 39, n. 14.

Causa sui, causa de si

Imaginemos o barão de Münchausen elevando-se no ar, sua montaria bem apertada entre as pernas, graças à poderosa tração exercida sobre sua esteira... e teremos um belo emblema da *causa sui*, zomba Schopenhauer[1]. Ele visa em particular a definição com a qual Espinosa inaugura sua *Ética*: "Por *causa de si* entendo aquilo cuja essência envolve a existência; ou, em outras palavras, aquilo cuja natureza só pode ser concebida como existente." Descartes[2] já havia defendido essa expressão contra os teólogos latinos, "que nas coisas divinas não empregam o termo *causa*, quando se trata da procissão das pessoas da sacrossanta Trindade, e que, onde os gregos disseram indiferentemente αἴτιον e ἀρχή, preferem usar apenas o termo *principium*, como o mais geral, com receio de dar motivo para se julgar que o Filho é inferior ao Pai". Entretanto, prossegue Descartes[3], "deve-se notar que atribuímos a Deus a dignidade de *causa* sem que daí se infira para ele a indignidade de ser *effectus*. Pois assim como os teólogos, quando dizem que o Pai é o *principium* do Filho, nem por isso concedem que o Filho seja *principiatum* ('principiado'), também eu, embora tenha admitido que Deus podia ser dito, de certo modo, *causa sui*, em parte alguma, porém, o denominei da mesma maneira *effectus sui*". O que implicaria um absurdo, a anterioridade de Deus em relação a si mesmo. Para tentar livrar-se de apuros, Descartes recorrerá à noção de *causa formalis*[4]: "Mas, quando tomo a essência inteira da coisa (*integra rei essentia*) como *causa formal*, não faço mais do que acertar meus passos com os de Aristóteles; pois no livro 2 de suas *Analyt. post.* c. 11, [...] a αἰτία que ele cita em primeiro lugar é τὸ τί ἦν εἶναι, ou, como traduzem usualmente os filósofos latinos, a *causa formalis*."

Descartes procura impor esse conceito de *causa sui* [retomado do αἴτιον ἑαυτοῦ que Plotino[5] aplicava ao Uno, e que Mário Vitoriano[6] traduzia pela expressão *causa sibi*, substituindo o genitivo grego por um dativo latino: "Qual é a causa de ser Deus ou do que é ele a causa? O próprio fato de ser Deus. Pois ele é a causa primeira e *causa para si*, uma causa que não é causa de outra coisa além dela, mas o próprio fato de que ele é ele mesmo é a causa pela qual ele é"⁷; reencontramos esse *causa sibi* aplicado por Agostinho⁸ à alma [que é "ela própria a causa de sua existência"] contra a tradição escolástica, que o declarava contraditório: Deus, sendo desprovido de causa, não pode ser causa de Si. De modo mais geral, enunciar-se-á: "Pode acontecer que o próprio ser seja causado pela forma ou a qüidade da coisa, quero dizer, como por sua causa eficiente, porque então uma coisa seria causa de si mesma (*sui ipsius causa*) e se produziria a si mesma no ser, o que é impossível."⁹

Atenção! Deve-se ler algumas vezes *causa sui* como o ablativo de *causa* fixado em preposição no sentido de "em vista de" (causa final) seguido do seu regime no genitivo. Encontraremos a fórmula de Aristóteles ἐλεύθερος ὁ αὑτοῦ ἕνεκα ὤν¹⁰, assim traduzida: *liberum est quod sui causa est*¹¹.

1. Sobre a quádrupla raiz do princípio de razão suficiente, ed. 1847, c.2, § 8.
2. 4ᵃᵉ Resp. = AT 7, p. 237.
3. P. 242.
4. P. 242.
5. Enn. 6, 8, 14.
6. Cand. epist. 1, 3, 11-14.
7. Cf. Adu. Ar. 4, 6, 38.
8. Immort. Anim. 9, 11, 18.
9. Tomás de Aquino, De ente et essentia 4, 6.
10. Metaph. 982b.
11. Tomás de Aquino, Sum. theol. 1ᵃ, q.83, a.1, 3.

Certus, certitudo, certo, certeza

Duas palavras-armadilhas, uma vez que o adjetivo *certus* (derivado talvez do verbo *cernere* = discernir) não significa forçosamente "conhecido com certeza" ou "que conhece com certeza", mas com freqüência "definido, determinado"¹. E o substantivo feminino *certitudo* pode também designar a natureza determinada, definida, de uma coisa: ver por exemplo Avicennus Latinus², *unaquaeque enim res habet certitudinem qua est id quod est*, "cada coisa tem uma *c*. pela qual ela é o que é".

1. Ver, por exemplo, Espinosa, *Ética* 1, def. 7.
2. Lib. de philos. prima 1, 5.

Clinamen, desvio em relação à vertical

Observai os diversos átomos caindo no vazio verticalmente, à mesma velocidade, a do pensamento: a chuva acaba por vos cansar. Uma *dé-clinaison* mínima, a menor que se possa conceber, e isso se torna apaixonante: vereis colisões, combinações, vereis surgirem mundos[1]. *Clinamen* é a tradução do grego παρέγκλισις, mais bem e mais freqüentemente traduzido por *declinatio* e *inclinatio*.

1. Ver Cícero, *De fato* 10, 22; 20, 46; *De finibus* 1, 6, 18; *De nat. deor.* 1, 25, 69; Lucrécio, *DRN* 2, 216-293.

Cogitare, Cogitatio, pensar, pensamento

Teoricamente, o verbo latino *cogitare* corresponde ao verbo grego νοεῖν. Mas νοεῖν é "guardar alguma coisa" no espírito, o νοῦς, segundo a fórmula de Heidegger. *Cogitare* é, em primeiro lugar, *cogere*, *co-agere*, reunir (= συνάγειν); com efeito, como nos mostrou Agostinho[1], pelo movimento do pensamento, da *cogitatio*, a alma colige conhecimentos que nela estão latentes e esparsos, mas ainda indiscernidos, para neles fixar seu olhar e confiá-los à memória; ou então recolhe imagens na memória e volta para elas seu olhar para se informar novamente. Mas, mais profundamente, *cogitare* é também reunir memória, visão interna e vontade: *quae tria cum in unum coguntur, ab ipso coactu cogitatio dicitur*[2].

1. *Conf.* 10, 11, 18.
2. *De Trinitate* 11, 3, 6.

Cognoscere, Cognitio, conhecer, conhecimento

O verbo *co-gnoscere* é um composto do incoativo *noscere* (= "começar a conhecer, tomar conhecimento"). Corresponde ao grego γιγνώσκειν: o γνῶθι σεαυτόν délfico, "conhece-te", traduz-se por *nosce te* ou *cognosce te*. O substantivo *cognitio* designará seja o ato de conhecer (por exemplo, Cícero[1]: "a *cognitio* e a contemplação da natureza estariam como que falhas e inacabadas, se elas não fossem acompanhadas de alguma ação sobre as coisas"), seja a função de conhecimento (por exemplo, Espinosa[2]: "É a *cognitio* do segundo e do terceiro gêneros, e não do primeiro, que nos ensina a distinguir o verdadeiro do falso"), seja o conteúdo do conhecimento: assim, segundo os epicuristas, como não admitir a existência dos deuses, enquanto "temos suas *cognitiones* semeadas, ou antes, inatas em nós"?[3]

1. *De officiis* 1, 43, 153.
2. *Ética* 2, pr. 42.
3. Cícero, *De nat. deorum* 1, 17, 44.

Comprehensio, compreensão

Em sua ciência infinita, Deus "compreende" a infinidade dos números, escreve Agostinho[1], ele "compreende todos os incompreensíveis por uma compreensão incompreensível". O verbo *comprehendere* significa propriamente apreender um objeto em sua totalidade. Descartes não o esquecerá[2]. Cícero tirou daí o substantivo *comprehensio* para designar seja a percepção global de um encadeamento lógico[3], seja, num contexto estóico, o ato pelo qual o intelecto apreende um objeto em sua realidade (= κατάληψις[4]; *visum comprehensibile* = φαντασία καταληπτική).

1. *Civ. Dei* 12, 19.
2. Ver *3ª Med.* = AT 7, p. 46.
3. *Nat deor.* 2, 59, 147.
4. *Acad. post.* 1, 11, 41; *Acad. prior.* 2, 6, 17.

Conatus, esforço

Identificou-se tanto o *conatus* com a filosofia de Espinosa[1] ("O esforço, *conatus*, pelo qual cada coisa se esforça, *conatur*, para perseverar em seu ser não é nada fora da essência atual dessa coisa"), que se esquece que a noção é antiga, é a de ὁρμή. Segundo os estóicos, o animal tende espontaneamente, desde seu nascimento, a "conservar-se e a gostar de sua constituição assim como de tudo o que é apropriado a conservá-la"[2]; essa impulsão, essa ὁρμή, é comunicada pela Natureza imanente em todo ser, a natureza universal (*natura mundi*), que tem ela própria ὁρμάς[3]. É certo que, para traduzir esse termo grego, os latinos prefeririam *appetitio* ou *appetitus*[4] a *cona-*

tus, menos próprio talvez para exprimir a idéia de impulso contida em ὁρμή, visto que significa inicialmente o esforço, a tentativa – o que corresponde mais ao grego ἐπιχείρησις. Encontram-se, porém, alguns exemplos nos autores antigos[5], e nota-se um emprego particularmente interessante do alótropo poético *conamen* em Lucrécio[6]: o raio é comparado a um projétil catapultado, que acumula uma "grande *força de propulsão*" *conamen eundi*, antes de surgir das nuvens.

Antecipação do emprego da palavra *conatus* pela balística do Renascimento e pela mecânica do século XVII. Assim, Descartes[7]: "Quando digo que essas pequenas bolas que compõem o segundo elemento [do mundo visível] realizam algum *esforço*, ou então que elas têm a *inclinação* [tal é a dupla transposição do verbo da versão original *conari* na tradução do abade Picot, revista pelo próprio autor] para se distanciar dos centros em torno dos quais se movem, não se deve pensar que por esse motivo lhes confiro um pensamento do qual procede esse *conatus*; mas apenas que elas estão situadas de tal modo e são tão impelidas ao movimento, que iriam efetivamente nessa direção se não fossem impedidas por nenhuma outra causa." *Conatus* designa, portanto, a tendência, por mais ínfima que seja, de um corpo para se movimentar.

Mas, para Hobbes, o *conatus* é um movimento atual, mesmo que seja imperceptível: "Um movimento através de certa extensão, que não se considera como um comprimento mas como um ponto. Assim, quer haja resistência ou não, o *conatus* será o mesmo. Pois *conari* é simplesmente *ire*, ir" (*De corpore*[8]; de fato, o sentido original do verbo poderia muito bem ter sido *pôr-se em marcha*[9]). Desse princípio já se vê a aplicação no livro X da *Eneida*, quando Juno envia o herói Turno, contra sua vontade, para fora do campo de batalha: "Talvez ele se transpasse com sua espada, enfiando-lhe a ponta sangrenta através das costelas; ou se lance às águas revoltas, para alcançar nadando a margem e dirigir-se de novo contra as armas dos troianos. Em uma e outra via, ele se esforçou três vezes (*ter conatus utramque viam*), três vezes a grande Juno o deteve."[10] A deusa bloqueia os gestos que o herói desesperado estava a ponto de realizar, mas os *conatus* estão presentes, na tangência da potência e do ato. Pensa-se na definição de Leibniz[11]: *Conatus est actio, ex qua sequitur motus, si nihil impediat,* "o *conatus* é uma ação da qual se segue um movimento, se nada o impedir". De fato, o filósofo alemão tomou esse termo de Hobbes para designar esse indivisível do movimento, que é para o movimento o que o ponto é para o espaço, o que o instante é para o tempo e a unidade para o infinito[12]. Deve-se ainda precisar que a maior parte dos movimentos, não sendo simples, retilíneos e uniformes, resultam da coexistência no corpo móvel de vários *conatus* que compõem seus efeitos: *possunt igitur in eodem corpore simul esse plures conatus contrarii,* "podem, portanto, existir no mesmo corpo *conatus* contrários"[13].

1. *Ética* 3, pr. 7.
2. Cícero, *De finibus* 3, 5, 16.
3. Cícero, *De nat. deor.* 2, 22, 58.
4. Ver *supra s.v.*
5. Cícero, *De nat. deor.* 2, 47, 122; Sêneca, *Epist.* 121, 13.
6. *DRN* 6, 326.
7. *Princ. phil.* 3, 56 = AT 8, p. 108.
8. 22, 1; cf. 15, 2.
9. Cf. Ernout-Meillet *s.v.*
10. Trad. fr. Perret.
11. *Op. ined.*, Couturat, p. 481.
12. Ver *Hypothesis physica noua*.
13. Dutens, 2, 2, p. 39.

Conceptio / -us, concepção, conceito

O latim antigo dizia *concipere animo* ou *concipere mente*, conceber pelo pensamento, o que subentende uma imagem genética, pois o verbo *concipere*, assim como seu equivalente grego συλλαμβάνειν, aplica-se à matriz que recolhe as sementes e forma uma criança a partir delas. Agostinho não deixará de desenvolver essa analogia implícita para exprimir a relação da alma conhecedora com as razões eternas: "Temos em nós, concebida da Verdade, a noção verdadeira das coisas (*conceptam rerum veracem notitiam*), análoga a um verbo gerado numa dicção interior."[1]

O substantivo feminino derivado, *conceptio*, no sentido de idéia formada pelo pensamento, aparece pela primeira vez num contemporâneo de Cícero, o erudito Varrão: "a própria coisa, *res*, [...] não é a palavra, *verbum*, nem a *conceptio* da palavra no espírito". Mas somente a partir do século IV é empregada na filosofia para significar a formulação interior de uma idéia por oposição à sua expressão ou à sua realização[2]. A expressão *communes conceptiones* é sinônima de *notiones communes*[3]; exemplo de "concepção comum" em geometria: duas grandezas iguais a uma terceira são iguais entre si[4].

O alótropo masculino *conceptus* não aparece, em sentido figurado, antes do fim da Antiguidade; segundo o gramático Prisciano[5], uma "parte do discurso" [as *partes orationis* são as diferentes categorias de palavras que compõem uma frase] é "uma emissão vocal, *vox*, indicando o que é concebido pelo espírito, *conceptus mentis*, ou seja, o pensamento, *cogitatio*". *Conceptus* corresponde aqui ao que Boécio, em seu comentário a *De interpretatione* de Aristóteles[6], chamava de *intellectus* (= νόημα): a similitude da coisa (*res*), que se forma na alma, que a alma "suporta" (*patitur*), "concebe" (*concipit*). Assim, *conceptus* se instalará no vocabulário escolástico para designar a representação mental de uma coisa, mas, como *intellectus*[7], se desdobrará para designar seja o ato de conceber, seja o objeto *concebido* por esse ato: *conceptus formalis* / *conceptus objectivus*[8].

1. *De Trinitate* 9, 7, 12.
2. Por exemplo, Agostinho, *C. Acad.* 3, 2, 3; *Conf.* 11, 18, 24.
3. Ver *infra s.v.*
4. Cf. Ps.-Boécio, *Ars geom.* = PL 63, 1311.
5. *Inst.* 11, 7.
6. Cf. PL 64, 297.
7. Ver *infra s.v.*
8. Ver Suarez, *Disp. met.* 2, 1, 1.

Connotatio, conotação

Este neologismo assume uma importância particular na lógica de Guilherme de Ockham. Um termo é conotativo e não absoluto se significa uma coisa x pela qual ele "supõe"[1] e outra coisa y pela qual não "supõe"[2].

1. Ver *infra s.v. suppositio*.
2. Ver C. Michon, *Nominalisme*, Paris, 1994, pp. 333 ss.

Conscientia, consciência

Formado sobre o adjetivo *con-scius* = συνειδώς (= literalmente "que sabe com, que partilha o conhecimento de uma coisa com outros ou consigo mesmo), o substantivo *con-scientia* (= τὸ συνειδός, ἡ συνείδησις) designa, desde a época de Cícero, o conhecimento refletido da subjetividade, o conhecimento que um indivíduo pode ter de si, de seu estado interior, de suas afecções ou de suas ações. Apuleio[1] compara-o com o "demônio", para quem o homem não pode ter nenhum segredo em sua alma: "Ele inspeciona tudo, compreende tudo, desce, como a *consciência*, aos mais recônditos lugares do espírito." Mas, se a palavra *conscientia* significa, na origem, essa evidência interior, ela chega a designar, paradoxalmente, em santo Agostinho, o abismo de uma interioridade que não é cognoscível a fundo: somente aos olhos de Deus se desnuda o *abyssus humanae conscientiae*[2]. Santo Tomás ignorará essa ambigüidade, que integra na *conscientia* o que denominamos "inconsciente", para redefinir, mais etimologicamente, a *conscientia* como a *scientia* que o indivíduo aplica a seus atos: quer ele saiba em seu íntimo ter feito ou não ter feito alguma coisa, quer ele julgue em seu íntimo dever fazer ou não fazer alguma coisa, quer ele julgue em seu íntimo ter feito bem ou mal alguma coisa[3].

Descartes fará da "consciência" a essência da alma, e do homem, mas paradoxalmente usará pouco a palavra *conscientia*, substituída na prática por *cogitatio*: "Pela palavra *cogitatio*[4] entendo tudo o que se faz em nós de forma que somos conscientes de o ter feito (*nobis consciis*) e na medida em que temos consciência disso (*conscientia*)."[5] Definição que suscitará as críticas de Leibniz![6]

Encontra-se, por vezes, as expressões *bona conscientia* ou *mala conscientia*, que designam respectivamente o estado de uma consciência sã, em paz consigo mesma[7] e o estado de uma consciência transtornada – não forçosamente o sentimento secreto de ter agido mal, mas uma perturbação do julgamento: é o caso daquele velho governador da Síria, que todas as noites simulava seu próprio funeral, a fim de aguçar seu prazer e conjurar seu medo da morte⁸. A maior parte do tempo, entretanto, a palavra *conscientia* é empregada sem qualificativo para designar a consciência serena ou a consciência dolorosa, a do tirano algoz de si mesmo, torturado por sua própria imagem, que ele não pode deixar de ver.

1. *De deo Socr.* 16, 156.
2. *Conf.* 10, 2, 2.
3. *Summ. theol.* 1ª, q.79, a.13.
4. Ver *supra s.v.*
5. *Princ. phil.* 1, 9 = AT 8, p. 7; cf. *2ae Resp.* def.1.
6. Ver *infra s.v. perceptio.*
7. Ver Sêneca, *De vita beata* 19, 1.
8. Ver Sêneca, *Epist.* 12, 9.

Consensus, conformidade das opiniões

Se ao leitor faltam argumentos para provar a existência dos deuses, ele pode recorrer a um argumento curto: o do *consensus omnium* (= ὁμόνοια πάντων); Platão, Aristóteles, os estóicos, o próprio Epicuro não se privaram de empregá-lo. Curioso, dirá um cético, para filósofos propensos a desprezar a opinião comum¹. Nietzsche declara abertamente: "O *consensus gentium* e geralmente *hominum* [= o acordo dos povos... dos homens] só pode servir eqüitativamente de aval para uma tolice."²

1. Ver Cícero, *De natura deorum* 3, 4, 11.
2. *Humano, demasiado humano*, 1, 3, § 110; trad. fr. Lacoste.

Contemplatio, contemplação

Retomando uma tripartição aristotélica, Sêneca¹ distingue três tipos de vida: um tem por finalidade a *voluptas*, o segundo a *contemplatio*, o terceiro a *actio*. A palavra *contemplatio*, derivada de *templum* – que na origem designava "o espaço quadrado delimitado pelo áugure no céu e sobre a terra, no interior do qual ele recolhia e interpretava os presságios"; depois, por extensão, o céu ou o espaço consagrado aos deuses, o templo –, traduz o grego θεωρία, ou seja, a aplicação da vista da alma à natureza, à verdade ou a Deus.

1. *De otio* 7, 1.

Contingens, contingente

Particípio presente do verbo *contingere* empregado impessoalmente (*contingit* = ἐνδέχεται = acontece que). O termo aparece em Boécio e traduz o τὸ ἐνδεχόμενον de Aristóteles: "Por *contingens* entendo o que não existe necessariamente, mas que pode supor que exista, sem que para isso haja impossibilidade."[1] "Segundo Aristóteles, é *contingens* tudo o que proporciona o acaso, ou que provém do livre-arbítrio de qualquer pessoa e de sua vontade própria, ou que, em virtude da facilidade que a natureza tem de ir num sentido ou em outro, é possível, ou seja, tanto pode se produzir como não se produzir."[2]

Segundo Espinosa[3], é somente porque a ordem das causas nos escapa, que certas coisas nos parecem *contingentes*, ou seja, "observando apenas sua essência, nada encontramos que proponha necessariamente sua existência, ou que necessariamente a exclua"[4].

1. *Prior. anal. interpr.* 1, 12 = *PL* 64, 651.
2. *In libr. de interpr. ed. sec.* 3 = *PL* 64, 489.
3. *Ethica* 1, pr. 33 sc. 1.
4. *Ibid.* 4, def. 3.

Conversio, conversão

"Na Antiguidade, a filosofia era essencialmente conversão, ou seja, volta a si, à sua verdadeira essência, mediante um violento desprendimento da alienação da inconsciência", escreveu recentemente P. Hadot. A observação é correta, mas, atenção!, a própria palavra, *conversio*, não aparece nesse sentido antes de santo Agostinho. Esse substantivo, derivado do verbo *con-vertere* (= virar inteiramente), aplicava-se, em latim antigo, aos movimentos celestes circulares, às mudanças políticas, às traduções, mas não às revoluções da alma. Foi o autor das *Confissões* quem fez de *conversio*, de *convertere*, as palavras-chave de sua aventura espiritual, desde a leitura de *Hortênsio*, que desencadeou o entusiasmo filosófico[1], até a crise do jardim de Milão, que acarretou a resolução de renunciar ao mundo e levar uma *nova vita*: *convertisti enim me ad te*, "pois tu me converteste a Ti, de maneira que eu já não procurava esposa nem nada do que se espera neste século"². Encontra-se ainda na autobiografia de Agostinho os traços constitutivos da conversão filosófica: ao mesmo tempo ἐπιστροφή, ou seja, reorientação para a origem, περιαγωγή, ou seja, rotação interior ("... Tu me fizeste voltar a mim mesmo, arrancando-me da posição de costas em que me colocara para que eu próprio não pudesse fixar os olhos em mim; e me instalaste diante de mim mesmo, para que eu visse minha indignidade"³), e μετάνοια, ou seja, mudança de consciência e mudança de desejo.

Observa-se, entretanto, que o termo *conversio* não designa apenas o evento, o momento em que o insensato, o pecador, toma subitamente consciência de seu erro ou de seu mal, mas também o longo processo pelo qual o homem que deixou de se desviar (*aversio*) da verdade, o homem desde então orientado para sua origem e seu fim – mas sempre sob a ameaça de uma *reversio* (como o cão que volta sempre a seu vômito, segundo a fórmula proverbial da Escritura) – transporta-se em direção a esse único fim, e transforma-se progressivamente – *conversio* significa também transmutação – por esse mesmo desejo de o atingir. Segundo Agostinho, leitor de Plotino, essa *conversio*, essa conversão continuada é para toda criatura espiritual, e para o espírito humano em particular, a única via para a realização de seu próprio ser; quando não se deixa atrair pelo e para seu Princípio, ela perde sua forma e dispersa-se na dessemelhança tenebrosa, dessemelhança consigo mesma, dessemelhança com o seu modelo divino.

1. *Conf.* 3, 4, 7.
2. *Conf.* 8, 12, 30.
3. *Conf.* 8, 7, 16.

Copula, cópula

Ligação, cadeia ou gancho, a *copula* (< * *co-apula*, cf. *aptus*) une e prende. Na lógica medieval, esse substantivo feminino designava o elemento que, numa proposição, liga o sujeito ao predicado, ou seja, segundo a análise aristotélica, o verbo *ser*. Exemplo: "Se denominamos *subjectum* a parte da proposição que precede a *copula*, denomina-se *praedicatum* a parte que se segue à *copula*."[1]

1. Guilherme de Ockham, *Summ. log.* 1, 31.

Corpus, corpo

"Confere-se uma sensibilidade às sombras do ínfero [...] Mas qual é o *corpus* de uma alma solitária? Qual é a matéria? Onde está o pensamento? Como é que ela vê, ouve, toca?"[1]

Se seguirmos Enéias e a Sibila dos Infernos, poderemos perceber o barqueiro Caronte que transporta em sua barca sombria *corpora*[2]: não são corpos, cadáveres, são as "sombras" dos mortos, "simulacros de uma estranha palidez". No entanto, denominam-se *corpora*, pois o substantivo neutro *corpus*, assim como o grego σῶμα, não designa somente o corpo, o organismo vivo ou privado de vida, mas tudo o que pode ser percebido pelos sentidos, a visão e o tato, e mesmo de modo mais amplo, para os estóicos, toda realidade, pelo menos toda realidade capaz de ação e de efeito assim como o bem, que dá movimento à alma, é um *corpus*, a própria alma é um *corpus*, e também as paixões, os vícios, as virtudes: "Não vês como a coragem dá vigor ao olho? A prudência gera tensão? [...] São os *corpora*, portanto, que modificam a cor e o estado dos corpos, e que exercem sobre eles seu domínio. [...] 'Só um *corpo* pode tocar e ser tocado', diz Lucrécio[3]. Ora, nem todas as coisas que mencionei modificariam o *corpus*, se elas o tocassem: logo, são *corpora*."[4]

Paradoxalmente, esse princípio estóico será reafirmado, um século mais tarde, pelo teólogo cristão Tertuliano[5]: "Tudo o que é, é corpo, *corpus*, em seu gênero. Nada é incorpóreo, exceto o que não existe"; assim, a alma, o próprio Deus, são *corpora*. Mas, comentará Agostinho[6], não é admissível chamar *corpus* "tudo o que existe, isto é, toda natureza e toda substância [...] sob pena de não saber como falar para distinguir o que é corpo daquilo que não o é". De fato, na tradição platônica, na qual se inscreve santo Agostinho, existe uma divisão fundamental entre as coisas corpóreas e as coisas incorpóreas, as *cor-*

51

poralia (/*corporea*) e as *incorporalia* (/*incorporea*), das quais a alma faz parte. Pois, "se *corpus* significa o que ocupa um espaço de comprimento e de largura determinados ou nele se move, de modo que suas partes ocupem uma extensão proporcional a sua grandeza, que é menor em parte que em totalidade, a alma não é um corpo, *non est corpus anima*"[7]. Essa definição geométrica vai variar pouco em Descartes[8]: "A natureza do *corpus* tomada em geral [...] consiste apenas em ser uma coisa extensa, *res extensa*, em comprimento, largura e profundidade."[9] Se a alma não é um *corpus* – no sentido de coisa extensa –, ela é, então, essencialmente distinta do *corpus* – no sentido de composto de carne e osso – ao qual ele está unido para formar um homem.

Por outro lado, como o *corpo humano* é um organismo, a palavra *corpus* aplica-se metaforicamente a todo conjunto de partes organizado; pode-se distinguir, com os estóicos, três espécies: "Há os *corpora* contínuos, como o homem; há outros que são compostos, como um navio, uma casa, em suma, como toda coisa cujas diferentes partes estão unificadas por arranjo; e há outros, enfim, formados por elementos não contíguos, e cujos membros permanecem separados, como um exército, um povo, um senado."[10]

1. Plínio, *N.H.* 7, 55.
2. *Eneida* 6, 303-306.
3. *DRN* 1, 304.
4. Sêneca, *Epist.* 106, 7-8.
5. *De carne Christi* 11, 4.
6. *De Genesi ad litt.* 7, 21, 30.
7. *Epist.* 166, 2, 4.
8. *Princ. phil.* 2, 4 = AT 8, p. 42.
9. Cf. Espinosa, *Ética* 2, def. 1.
10. Sêneca, *Epist.* 102, 6; cf. *Quaest. Nat.* 2, 2, 2-3.

Creare, criar

Palavra-chave da filosofia cristã, segundo a qual o universo não emana nem procede da substância divina, não é engendrado nem fabricado por Deus. Deus o fez ser a partir do nada, *creavit cuncta de nihilo*[1]. Note-se, entretanto, que o verbo *creare* havia sido primeiramente abandonado pelos teólogos latinos, sobretudo por suas conotações lucrecianas: pois, para o poeta epicurista, é a terra quem *cria* (*creavit*) o gênero humano[2], sendo a palavra empregada em seu primeiro sentido de "fazer crescer". *Creare*, com efeito, pertencia originalmente à língua agrícola.

1. Agostinho, *Civ. Dei* 22, 14.
2. *DRN* 5, 822

Cultura animi, cultura da alma

"Nem todas as almas que se cultiva produzem frutos. [Mas...] um campo, por mais fértil que seja, não pode ser produtivo sem cultura, da mesma forma que uma alma sem ensinamentos. [...] Ora, a *cultura da alma* é a filosofia: é ela quem arranca os vícios pela raiz, quem prepara as almas para receber as sementes, quem as fornece e, por assim dizer, semeia o que, uma vez desenvolvido, produzirá os frutos mais abundantes."[1]

1. Cícero, *Tusculanae* 2, 5, 13.

Cupiditas, desejo

Este substantivo feminino exprime um desejo violento. Na classificação quadripartida das paixões pelos estóicos, corresponde ao grego ἐπιθυμία: "A *cupiditas*, que também se pode chamar *libido*, é uma tendência[1] imoderada, e não submetida à razão, para o que consideramos um grande bem."[2] Agostinho[3], ao notar que se estabelecera o costume de se usar a palavra apenas num sentido negativo, quando seu objeto não era indicado, redefiniu *cupiditas* como "um amor que aspira a possuir seu objeto"; paixão ruim, portanto, se o amor é ruim, a vontade perversa; boa, se o amor é bom, a vontade sincera.

1. *Adpetitio*, ver *supra s.v.*
2. Cícero, *Tusculanae* 3, 11, 24.
3. *Civ. Dei* 14, 7, 2.

Cura, cuidado

Termo ambivalente. Tomado no bom sentido (= ἐπιμέλεια[1]), o termo aplica-se ao *cuidado* que o ser vivo tem naturalmente consigo mesmo, instinto primeiro (Sêneca[2]: *ante omnia est mei cura*; ver supra s.v. *amor sui*), ou ao *cuidado* com que exerce uma atividade nobre (Cícero[3]: "Visto que a razão determinante daqueles que primeiro se dedicaram ao estudo da filosofia foi forte o bastante para que se consagrassem por inteiro, relegando para segundo plano tudo o mais, na busca do melhor estado de vida, é certamente na esperança de uma vida feliz que empregaram tanta *cura* e tanta atividade nesse estudo").

No mau sentido (= μέριμνα), *cura* designa o *tormento* vão que preocupa e transtorna a alma, em particular a inquietação amorosa. O filósofo tentará desligar-se dessas *curae* para alcançar a *securitas*, "essa espécie de tranqüilidade da alma que [Demócrito] denominou εὐθυμία"[4].

1. Ver *Apologia de Sócrates* 36d.
2. *Epist.* 121, 17.
3. *Tusculanae* 5, 1, 2.
4. Cícero, *De finibus* 5, 8, 23; ver *infra s.v. tranquillitas*.

Decorum, o conveniente

Traduz o grego τὸ πρέπον = "o conveniente"[1]. Mas o adjetivo *decorus* conota, além disso, a beleza.

1. Ver Cícero, *De officiis* 1, 27, 93 ss.

Deductio, dedução

Boécio[1] traduz assim o termo aristotélico ἀπαγωγή[2]. Descartes confere à palavra uma significação mais ampla, fora do estrito quadro silogístico, ao definir a *deductio* como "tudo o que se conclui necessariamente de algumas outras coisas conhecidas com certeza"[3].

1. *Prior. anal. interpr.* 2, 25 = *PL* 64, 709.
2. Ver Aristóteles, *Anal. prior.* 69a.
3. *Regulae...* 3 = AT 10, p. 369.

Definitio, definição

As palavras designam as coisas por uma espécie de marca distintiva (*nota*), mas não as mostram diretamente, diz Mário Vitoriano na introdução de seu *Liber de definitionibus*, o único tratado do gênero que nos foi legado pela Antiguidade; é por isso que sua *definitio* é indispensável. Esse substantivo feminino, derivado de *finis* (*de-finire* é propriamente delimitar um espaço, demarcar um terreno)[1], significa, segundo a formulação ciceroniana[2], "um discurso (*oratio*) que explica o *que é* o que ele define", não *se* a coisa é (*an sit*), não *qual coisa é* (*quale sit*), mas o *que é* a coisa (*quid sit*; cf. Aristóteles: τὸ τί ἦν εἶναι[3]; τί ἐστιν[4]). Por oposição à definição retórica, a definição filosófica é a *substantialis definitio* (= οὐσιώδης; cf. Aristóteles[5]: ὁ γὰρ ὁρισμὸς λόγος τίς ἐστιν εἰς καὶ οὐσίας), aquela que, "uma vez estabelecido o gênero, e excluído pelas diferenças tudo o que podia convir-lhe, passa a ser propriedade (*proprietas*) da coisa em questão"[6]. A definição da *definitio* quase não varia; ver, por exemplo, Espinosa[7]: "Para ser considerada perfeita, a *definitio* deverá explicar a essência[8] íntima da coisa."

1. Ver *infra s.v.*
2. *Topica* 5, 26.
3. *Top.* 101b.
4. *Analyt. post.* 90b.
5. *Metaph.* 1037b.
6. Ed. Stangl, p. 8.
7. *De intellect emend.* 95.
8. Ver *infra s.v. essentia.*

Delectatio, deleite

Sobre o verbo *delectare* = "seduzir por meio de atrativos", donde "encantar", foi formado o substantivo feminino *delectatio*. Cícero[1] assim define essa espécie do gênero *prazer*: "um prazer que encanta a alma pela suavidade do que ela compreende", definição extensível à vista e aos outros sentidos, pois todos esses prazeres "se propagam pela alma como se tivessem passado a ser líquidos". A palavra foi, portanto, bem escolhida por santo Agostinho para exprimir, não apenas o atrativo que impele a vontade para um objeto, mas o próprio deleite que a vontade experimenta quando se volta para um objeto: "É necessariamente de acordo com o que nos causa maior deleite que agimos [ou seja, de acordo com a *delectatio victrix/vincens* = o deleite vitorioso]; por exemplo, a beleza deslumbrante de uma mulher com quem nos encontramos nos incita o deleite da fornicação; mas se nos causa maior deleite a beleza interior e o puro esplendor da castidade…"[2] Assim, conforme se coloque do lado da graça ou do lado da concupiscência, o homem encontrará seu prazer ou na busca da fruição de Deus e de suas delícias, ou, pelo contrário, na procura dos prazeres, dos deleites da carne. Pois o substantivo *delectatio* designa ao mesmo tempo um movimento e um fim[3]. Acabou-se por excluir *voluptas*[4], substituído pela perífrase *delectatio corporalis*[5].

1. *Tusculanae* 4, 9, 20.
2. *Epist. ad Gal. exp.* 49.
3. Tomás de Aquino, *Summ. theol.* 1ª 2ªᵉ, q.31, a.2.
4. Ver *infra s.v.*
5. 1ª, 2ªᵉ, q.2, q.6, resp.

Deus, deus

"… eles se detêm nas sílabas de seu nome, e pensam que é o bastante para o conhecer, quando se sabe que Deus quer dizer o mesmo que aquilo que se chama Deus em latim."[1]

No século II, o teólogo cartaginês Tertuliano[2] desprezou as etimologias tradicionais que derivavam o substantivo masculino *deus* de *deivos* = "luminoso", ou o explicavam pelo grego δέος = "o medo"; ele não hesitou em ver aí uma forma levemente alterada do grego θεός – o que é lingüisticamente falso mas filosoficamente correto. Pois a equivalência θεός / *deus* é uma evidência para os Antigos, para Cícero ao traduzir o *Timeu*[3], assim como para Apuleio[4] ao parafrasear a célebre fórmula pitagórica ἕπου θεῷ: "O sábio é o seguidor e o imitador do deus, ele segue o deus (*sequi deum*)."

Quando empregada no singular, a palavra *deus* pode designar quer *um deus* entre os deuses, *dei* ou *dii* (ver Cícero[5]: "a maioria […] disse que existiam deuses, *deos esse*, Protágoras tinha dúvidas, Diagoras de Melos e Teodoro de Cirene pensavam que eles não existiam de modo algum"), quer *o deus* por excelência (ver Apuleio[6]: Platão "menciona três tipos de deus; o primeiro é o uno e singular deus supremo, *unus et solus sum-*

mus, o pai, exterior ao mundo, incorpóreo, que mostramos mais alto e o arquiteto deste universo divino"), quer *Deus* (ver a oração inaugural dos *Soliloquia*[7] de santo Agostinho), segundo se encontre num contexto politeísta, henoteísta ou monoteísta.

"Na verdade", escreve Agostinho[8], "na ressonância dessas duas sílabas [*De-us*] o próprio Deus não é conhecido; não obstante todos aqueles que sabem latim, esse som, quando toca seus ouvidos os impele a pensar numa natureza supereminente e imortal (*excellentissimam quamdam immortalemque naturam*) [...] de maneira que o pensamento se esforça para alcançar alguma coisa em relação a qual não existe nada melhor ou mais elevado (*aliquid quo nihil melius sit atque sublimius*) [...] É por essa razão que todo o mundo concorda em colocar Deus acima de todas as outras *res*[9]." Pode-se assim notar as diferentes formas gramaticais de exprimir a superioridade absoluta que define o *deus*: quer por uma espécie de comparação invertida e de forma negativa (ver santo Anselmo[10]: *aliquid quo nihil majus cogitari potest*); quer por um simples superlativo (ver Agostinho[11]: "Aquele que é supremamente", *Qui summe est*; Leibniz[12]: *Deus est substantia perfectissima, seu habens omnes perfectiones*); quer por um superlativo de forma negativa (Descartes[13]: "A substância que entendemos ser supremamente perfeita, e na qual não concebemos absolutamente nada que encerre qualquer defeito [*defectus* = lit. "falha"], ou limitação da perfeição, é chamada *Deus*"; Espinosa[14]: "Por Deus entendo um ente absolutamente in-finito" *ens absolute infinitum*). Mas a formulação mais sábia parece a tautológica: *deus est deus*.

Note-se, porém, que *deus* pode também aplicar-se a um homem infinitamente superior aos outros humanos; Epicuro, por sua doutrina salutar, libertou os mortais dos monstros que são as paixões[15].

1. Descartes a Mersenne, 6 de maio de 1630.
2. *Ad nationes* 2, 4, 1.
3. Ver, por exemplo, *Tim.* 5, 17: *effector mundi et molitor deus* = Platão 33a.
4. *De Platone* 2, 23, 253.
5. *De nat. deor.* 1, 1, 2.
6. *De Platone* 1, 11, 204.
7. 1, 1, 2 ss.

8. *Doctr. christ.* 1, 6, 6-7, 7.
9. Ver *infra s.v.*
10. *Proslogion*, c. 2 ss.
11. *De ver. relig.* 18, 35.
12. *Epist. ad Loefler.* 1, def. 1.
13. *2ae Resp.* def. 8.
14. *Ética* 1, def. 6.
15. Lucrécio, *DRN* 5, 8.

Dictio / -um, palavra dita / o que é dito

Não se confunda o substantivo feminino derivado de *dicere* = dizer, e o particípio passado passivo substantivado desse mesmo verbo. *Dictio* significa particularmente a palavra – nome ou verbo – enquanto elemento da frase (ver Boécio[1]; *dictio/oratio // φάσις/λόγος*). *Dictum*, que antigamente significava toda palavra dita (ver a oposição *dicta/facta*), é utilizada de maneira mais estrita pelos medievais, especialmente Pedro Abelardo, para designar *o que é dito* numa proposição, independentemente da modalidade, afirmação ou negação, e que assume a forma – ou pode ser transcrito sob a forma – de uma infinitiva (a proposição infinitiva é uma subordinada introduzida diretamente, sem conjunção subordinativa, e cujo verbo está no infinitivo e o sujeito no acusativo): por exemplo, na frase "Verum est *Socratem esse hominem*", a proposição infinitiva *Sócrates ser homem* é o *dictum* enunciado como verdadeiro. Segundo Abelardo[2], uma proposição comporta duas significações: um *intellectus*[3] das coisas e um *dictum* ("o que ela propõe e diz").

1. *In libr. de interpr. ed. pr.* 1 = PL 64, 312.
2. *Logica ingredientibus*, ed. Geyer, p. 305.
3. Ver *infra s.v.*

Ego, eu

No segundo livro de suas *Confissões*[1], Agostinho convertido interroga-se sobre as fantasias eróticas que continuam a dominá-lo durante o sono:"Será então que não sou eu [*ego non sum*]? No entanto há uma grande diferença entre eu mesmo e eu mesmo, no momento em que passo deste estado em que estou [isto é, acordado] para o sono, ou retorno desse último para aquele!" Com efeito, é com o teólogo africano que o pronome pessoal *ego* (nominativo do pronome pessoal da primeira pessoa do singular), usualmente utilizado como uma forma intensiva (por isso é com mais freqüência traduzido em francês pela forma tônica "moi" derivada do acusativo latino *me*, e não pela forma átona "je", ainda que esta seja proveniente do nominativo *ego*; lembremos que o latim, tal como o grego, limita-se em geral à flexão do verbo para indicar a pessoa: eu sou = *sum*), tornou-se um sujeito inteiramente gramatical e filosófico, que exprime a singularidade, a unidade e a identidade contínua de uma substância consciente. Todo estudante secundarista conhece o *"penso, logo existo"* de Descartes. Mas a tradução latina do *Discurso do método*, por É. de Courcelles, precisa: Ego *cogito, ergo sum*. Poder-se-ia considerar essa adição como um acréscimo retórico se o próprio Descartes não tivesse confirmado mais tarde essa interpretação por suas próprias formulações latinas, sobretudo nos *Principia*[2].

Os filósofos modernos utilizarão com freqüência o pronome latino da primeira pessoa para expressar o que o próprio indivíduo tem consciência de ser. "Meus escritos falam *somente* de minhas vitórias", escreve, por exemplo, Nietzsche na introdução do segundo volume de *Humano, demasiado humano*, "*eu estou neles com tudo o que me foi contrário, ego ipsissimus*, e até, se me permitem usar uma expressão mais altiva, *ego ipsissimum*" [= eu, naquilo em que o meu eu é mais ele mesmo! *ipsissimum* é um superlativo neutro e familiar de *ipse*[3]]. Mas é Husserl quem faz do *ego* um termo-chave de sua filosofia: "O *ego* existe *para si mesmo*, ele *é* para si mesmo com uma evidência contínua e, por conseguinte, *constitui-se continuamente a si mesmo como existente*. [...] O *ego* não apreende a si mesmo unicamente como corrente de vida, mas também como *eu*, um eu que vive isto ou aquilo, eu *idêntico* que vive a tal ou tal outro *cogito*."[4]

1. 10, 30, 41.
2. 1, 7 = AT 8, p. 7.
3. Ver *infra s.v.*
4. *Méditations cartésiennes*, 4, § 31; trad. fr. de Peiffer Levinas.

Ens, ente

Trata-se de uma invenção de Júlio César, pelo menos tão cômoda quanto o seu calendário; é o particípio presente do verbo *esse*[1], que, segundo Prisciano, o ilustre conquistador formou para traduzir o grego ὤν (part. pres. de εἶναι). Entretanto, o primeiro emprego atestado de *ens* data do século IV: Mário Vitoriano[2] indica *ens*, no neutro, como o equivalente latino de ὄν, entendido, num sentido estóico, como o gênero principal acima de todas as coisas, o que Sêneca[3] denominava o gênero "o que é", *quod est*[4]. E será preciso esperar Boécio, comentador de Porfírio, para que *ens* se imponha na língua filosófica latina[5].

A partir daí, o termo *ens* designará toda coisa que é, todo *ente*. Deus poderá ser dito *primum ens*, "o primeiro ente", *essentialiter ens*, "essencialmente ente" (Tomás de Aquino[6]; cf. o ὄντως ὄν platônico), *causa omnis entis*, "causa de todo ente"[7]. Distingue-se do *ens commune*, o ente predicável de todas as coisas[8]. Mas, se o *ens* se diz analogicamente de Deus e das criaturas, pode-se incluir Deus no *ens commune*, o "ente comum"? Além disso, se consideramos que Deus é o *ipsum esse*, "o próprio ser", infinito, não cumpriria colocá-lo acima do *ens*, na medida em que este designa "o que participa no ser de modo finito"?[9]

■ **Ens rationis**: perífrase escolástica para significar um objeto de pensamento que não existe fora do intelecto[10]. Espinosa[11] nega ao pretenso *ente de razão* ou, segundo a tradução tradicional, ao "ser de razão", o *status* de *ens* [= "tudo aquilo que, percebendo-o clara e distintamente, reconhecemos existir necessariamente ou, pelo menos, poder existir"], para o considerar um simples "modo do pensar, *modus cogitandi*[12], que serve para fixar, explicar e imaginar mais facilmente as coisas compreendidas", sem deixar de o distinguir do *ens fictum* e do *ens verbale*, como a Quimera.

1. Ver *infra s.v.*
2. *In Cic. rhet.* 1, 28.
3. *Epist.* 58, 12.
4. Ver *infra s.v.*: notar que para Vitoriano *ens* = *quod esse possit*.

5. *In Isag. Porph. ed. prim.* 1, 24; *ed. sec.* 3, 7 = Brandt, pp. 20 ss.
6. *C. Gentiles* 2, 53.
7. *In libr. I Sent.*, d.8, q.5, a.2.
8. *De verit.* q.10, a.11, ad 10.
9. *In libr. de causis*, lect.7.
10. Ver *ISC* nº 182.
11. *Cogit. met.* 1, 1.
12. Ver *infra s.v.*

Entitas, entidade

Derivado do particípio *ens* (ver acima), este substantivo feminino é uma invenção escolástica. Sua tradução é freqüentemente espinhosa. Ali onde Descartes[1] escreve "*Per realitatem objectivam ideae intelligo* entitatem *rei repraesentatae per ideam*", Clerselier traduz: "... l'*entité* ou l'*être* de la chose représentée"*. Literalmente, *entitas* significa o caráter de ser um *ens*, a entidade! Acontece que *entitas* é empregada para designar "o que *é* uma coisa", "o que faz dela um *ente* particular", trata-se portanto de um parassinônimo de *essentia* ou mesmo de *quidditas*[2]. Mas *entitas* é também utilizada como uma forma enfática de *ens*, para significar um ou outro *ente* considerado em sua realidade particular.

1. *2ae Resp.* def. 3 = AT 7, p. 161.
* "... a entidade ou o ser da coisa representada."
2. Ver *infra s.v.*

Esse, ser

Infinitivo de *sum* = eu sou. Corresponde a εἶναι. Mas, diferentemente do grego, o latim, na falta de artigo definido, não pode em princípio substantivar o infinitivo e, portanto, traduzir tal qual τὸ εἶναι, o-ser[1]. Pode-se, porém, suprir essa falta, se necessário, pelo recurso a um adjetivo demonstrativo ou possessivo, como testemunha a célebre fórmula de Espinosa[2]: "Cada coisa se esforça, enquanto está em si, para perseverar em seu ser, *in suo esse*." Mas treze séculos antes, Mário Vitoriano já transpunha assim o neoplatônico Porfírio: "Antes de ὄν e antes de λόγος, há essa força e essa potência de existir que é significada pela palavra 'ser', *esse*, em grego τὸ εἶναι. Esse mesmo ser, *hoc ipsum esse*, deve considerar-se sob dois modos..."[3]

Apresenta-se aqui a distinção porfiriana entre o *ente* e o *ser*, ou, para conservar a língua mista de Vitoriano, entre o ὄν e o *esse*. De acordo com P. Hadot, essa distinção teria chegado à Idade Média por intermédio de Boécio, que por sua vez a enunciou sob a forma *quod est / esse*[4]; de um lado, um sujeito que recebe o ser sob uma forma particularizada[5], de outro lado, o ser puro, indeterminado, absoluto, transcendente. Mas não esqueçamos santo Agostinho, cuja obra é toda ela atravessada pela oposição entre o *ipsum esse*, o próprio ser, que é o nome de Deus[6], e a criatura que não é o *esse*, que é mais ou menos. Sua meditação contínua do versículo do *Êxodo* 3, 14, terá prosseguimento em santo Tomás, ao definir Deus como *ipsum esse per se subsistens*, "o próprio ser subsistente por si"[7].

Quando conjugado num modo pessoal, sobretudo no presente do indicativo (*sum, es, est*...), o verbo *esse*, empregado de forma absoluta, significa que uma coisa é realmente, *in actu*[8]; empregado como cópula, isto é, unindo um predicado a um sujeito, significa a realidade ou a verdade da composição desses dois termos, a *actualitas*[9] de uma forma, substancial ou acidental, num sujeito[10].

■ **Causa essendi:** Na falta de poder substantivar o infinitivo com um artigo, o latim possui uma declinação do infinitivo sob a forma do "gerúndio"; assim, pode-se dizer que Deus é "causa do *esse*", utilizando o gerúndio no genitivo: *essendi*[11].

1. Por exemplo, *República* 509b.
2. *Ética* 3, prop. 6.
3. *Adv. Ar.* 4, 19.
4. Ver *infra s.v.*
5. Ver P. Hadot, "Forma essendi", em *Les Études Classiques* 38, 1968, pp. 143 ss.
6. Ver *Enarr. in ps.* 101, s.2, 10.
7. *Summ. theol.*, 1ª, q.4, a.2.
8. Ver *supra s.v.*
9. Ver *supra s.v.*
10. Ver Tomás de Aquino, *In 1 Peri hermen.* lect. 5, n. 73.
11. Agostinho, *Div. quaest.* 21.

Essentia, essência

"Eu desejo, se possível sem indispor teus ouvidos, dizer *essentia*; direi de qualquer jeito, correndo o risco de os irritar."[1]

A palavra francesa *essence* [essência], repleta de sonoridades mudas, parece tão aérea quanto os odores vegetais que fazem levitar a imaginação dos poetas. Mas sua forma latina, a palavra forte, a palavra grave *essentia*, lembra que as substâncias voláteis, que os químicos chamam "essências", são obtidas por concentração. O substantivo feminino *essentia* é um decalque do grego οὐσία. Atribui-se por vezes sua invenção a Cícero, mas não se encontra em sua obra nenhum exemplo dessa palavra, nem mesmo no que nos resta de sua tradução do *Timeu*! Em todo caso, esse neologismo difícil, que Apuleio em seu *De Platone*[2] não consegue livrar da concorrência do termo tradicional *substantia*[3], só passou a ser de uso corrente no final do século IV, na época de santo Agostinho, sem dúvida sob a dupla influência das controvérsias teológicas, com os refinamentos terminológicos que acarretavam, e da ontologia porfiriana que subordinava toda ὑπόστασις, toda *sub-stantia*, à preeminência absoluta do εἶναι, do *esse*: "Sem dúvida alguma, [Deus] é uma *substantia*", escreve o teólogo de Hipona, "ou, se tal designação for melhor, uma *essentia*, o que os gregos chamavam de οὐσία. Com efeito, assim como de *sapere* se fez *sapientia*, de *scire* se fez *scientia*, também de *esse* se fez *essentia*. E quem 'é' mais do que Aquele que diz a seu servidor Moisés: 'Eu sou quem sou... Aquele que é' [*Ego sum qui sum... Qui est*[4]]? ... Deus é estranho a todo acidente, e é por isso que a única *essentia* ou *substantia* imutável é Deus, a quem é próprio, no mais alto grau e mais verdadeiramente, o próprio ser, *ipsum esse*, de que a *essentia* tira seu nome"[5].

Assim, interpretado literalmente, etimologicamente, o substantivo *essentia* é entendido no sentido de "fato de ser", como quando Platão opõe οὐσία a τὸ μὴ εἶναι[6]. Essa significação primeira é confirmada de início por Quintiliano[7], que, transpondo as categorias aristotélicas para a retórica, a fim de estabelecer a partir delas uma classificação dos "estados de causa"[8], fizera corresponder à primeira categoria, a da οὐσία-*essentia*, a questão *an sit*[9] = "acaso existe?", e não a questão *quid sit* = "o que existe?"[10]. Ela é confirmada adiante pelo Beócio teólogo[11], quando ele distingue nitidamente no homem a *essentia*, a *sub-*

sistentia, a *substantia* e a *persona*[12]: "Há uma οὐσία, uma *essentia* do homem porque ele 'é'. [...] Deus também é uma οὐσία, uma *essentia*, pois ele 'é', ele 'é' no grau supremo, o mesmo do que provém o *esse* de todas as coisas." Seríamos, pois, tentados a traduzir *essentia* por "existência"[13], se uma passagem do mesmo capítulo[14] não tornasse essa interpretação problemática: "As *essentiae* (= οὐσίαι) podem 'ser' nos universais, mas tornam-se 'substâncias' (*substant* = ὑφίστανται) somente nos indivíduos e nos particulares." Não se trata aqui de "realidades inteligíveis", ou até mesmo, mais precisamente, das *secundae substantiae*, das substâncias segundas, universais, por oposição às *primae substantiae*, às substâncias primeiras, particulares, individuais?[15] É possível, no entanto, harmonizar os dois empregos de *essentia* se a entendemos assim: o homem *é*, porque o homem *é* um homem, porque existe uma natureza humana específica. Com efeito, um pouco mais adiante, *natura*[16] substitui *essentia* para traduzir οὐσία[17].

Assim, percebe-se bem a tensão que envolve a palavra *essentia* e que culminará, a partir de Avicena (o ser acidente da essência[18]), no problema da distinção da *essentia* e do *esse*. Entretanto, como se vê em particular em santo Tomás, distinção não implica forçosamente dissociação: "O nome de *quidditas*[19] deriva do fato de que a essência é expressa pela definição. Porém, é chamada de *essentia* na medida em que é por ela e nela que o *ens* tem o *esse*"[20], e isso, mesmo que ela não seja mais do que uma potência que atualiza o *esse*[21].

Entretanto, uma vez reconhecida a diferença, nas coisas, entre a *essentia* e a *existentia*[22], para retomar um binômio cujo uso é posterior a santo Tomás, pode-se afirmar, como Leibniz[23], que "devemos, em primeiro lugar, reconhecer que, pelo próprio fato de uma coisa existir, em vez de nada, há nas coisas possíveis ou na própria possibilidade, isto é, na *essentia*, certa exigência de *existentia*, que é, por assim dizer, uma tendência primeira para existir; numa palavra, a *essentia* tende por ela mesma para a *existentia*".

■ **Essentialis** (adj.): oposição *accidentalis*[24]. **Essentialitas** ou **essentitas** (s. f.): traduz o grego ὀντότης[25].

1. Sêneca, *Epist.* 58, 6.
2. 1, 6, 193.
3. Ver *infra s.v.*
4. *Êxodo* 3, 14.
5. *De Trinitate* 5, 2, 3.
6. Ver *Teet.* 185c.
7. *I.O.* 3, 6, 23.
8. Cf. *infra s.v. realis.*
9. Cf. *supra s.v. anitas.*
10. Cf. *infra s.v. quidditas.*
11. *Contra Eutychen* = *PL* 64, 1345.
12. Ver essas palavras *infra.*
13. Cf. *infra s.v. existentia.*
14. *PL* 64, 1344.
15. Cf. *In Categ. Arist.* 1 = *PL* 64, 182.
16. Cf. *infra s.v.*
17. c. 4 = *PL* 64, 1345.
18. Ver *Lib. de philos. prima* 5, 2.
19. Ver *infra s.v.*
20. *De ente et essentia*, 1, 3; trad. fr. de Libera.
21. *Summ. theol.* 1ª, q.3. a.4.
22. Ver *infra s.v.*
23. *De rerum originatione radicali* § 4.
24. Por exemplo, Tomás de Aquino, *De veritate* q.21, a.5.
25. Ver Mário Vitoriano, *Adv. Ar.* 1, 29; 49; 52; 3, 7; 4, 5.

Evidentia, evidência

"Nada é mais claro do que a ἐνάργεια, como dizem os gregos; chamemos-na de *perspicuitas* ou *evidentia.*"[1] Esse neologismo ciceroniano, *evidentia*, que consiste num decalque semântico perfeito (em razão do prefixo *ex* contrário ao ἐν grego, e do sentido aparentemente ativo de *-videntia*, formado a partir de *videre* = ver), não teve o sucesso que faria supor o uso corrente de seu derivado "evidência". O próprio Descartes, que em seu *Discours* fixa como sua primeira regra "jamais receber por verdadeira nenhuma coisa que [ele não saiba] evidentemente não o seja", raramente usa o substantivo *evidentia* (*haec intuitus evidentia et certitudo*[2]) e moderadamente o adjetivo *evidens* ("muitas coisas são conhecidas com total certeza, embora não sejam por si mesmas *evidentes*"[3]) quando redige em latim. Sobretudo nos textos sobre o critério de conhecimento que constitui a aparição, a visibilidade imediata de uma verdade no espírito, ele prefere o termo clássico *clarus* (por exemplo, "Chamo *clara* [o conhecimento] que está presente e descoberto no espírito atento, da mesma forma que dizemos que é claramente visto, *clare videri*, por nós o que se apresenta ao nosso olhar observador, e o toca com suficiente força e nitidez"[4]), freqüentemente associado a *distinctus*[5]; esse binômio seria a decomposição sinonímica de *e-videns*? Atenção às traduções! Por exemplo, onde Clerselier traduz: "sans aucun raisonnement, ils connaîtront que Dieu existe; et il ne leur sera pas moins clair et *évident*, sans autre preuve, qu'il leur est manifeste que deux est un nombre pair"*[6], o filósofo escreveu, em latim, *per se notum* = literalmente "conhecido por si".

1. *Acad. prior.* 2, 6, 17.
2. *Regulae...* 3 = AT 10, p. 369.
3. *Ibid.*
4. *Princ. phil.* 1, 45.
5. *Ibid.*
* "... sem nenhum raciocínio, saberão que Deus existe; e não lhes será menos claro e *evidente*, sem outra prova, que lhes é manifesto que dois é um número par."
6. *2ae Resp.* postul. 5 = AT 7, p. 163.

Existentia, existere, existência, existir

"Ego cogito, ergo sum, *sive existo*."[1]

Exemplo de geração espontânea, apresentado por Lucrécio como prova das metamorfoses perpétuas da matéria, e em particular da transformação de elementos insensíveis em corpos sensíveis: "Pode-se observar vermes vivos *existere* da lama infecta, quando, depois de chuvas excessivas, a terra encharcada se decompõe."[2] Esses vermes ganham existência ao "emergir" do lodo, tal é o sentido fundamental do verbo clássico *exsistere* = elevar-se para fora de.

O primeiro filósofo a fazer uso freqüente do verbo foi, no século IV, o tradutor-comentador do *Timeu*, Calcídio, que o empregou, no particípio ou no infinitivo, em vez de *ens*[3] ou *esse*[4], para traduzir o grego ὤν ou εἶναι: por exemplo "o modelo de toda eternidade é ente [ἐστιν ὄν]"[5] = *existens est*; "as imagens dos *entes* [τῶν ὄντων] eternos"[6] = *existentium rerum*; "é necessário que todo *ente* [ὄν] esteja de algum modo num lugar... e o que não está na terra nem em alguma parte no céu não é [εἶναι] nada"[7] = ... *omne quod est* in aliquo sit loco positum... quod neque in terra neque in caelo sit minime *exis-*

tire. Mas não é porque o verbo *ex-sistere* substitui o verbo *esse* – tradução habitual de εἶναι que Calcídio emprega paralelamente, como mostra o último exemplo – que deve ser considerado um mero substituto, pois ele restabelece o movimento de aparição que implicava o εἶναι dos gregos[8]. Da mesma forma, o substantivo *existentia* exprime a passagem da potência ao ato: "Alguma coisa é dita ser e não ser (*esse et non esse*), toda vez que é dita ser antes mesmo de sua realização (*effectu*), o que sem dúvida alguma será chamada a ser, se houver a realização. Todas as coisas são ditas ser por sua possibilidade, sendo sua *existentia* presumida pela consideração de sua possibilidade, como quando dizemos que o bronze, por possibilidade, será uma estátua, quando ele ainda é apenas um metal sem forma. Portanto a estátua é e não é."[9]

Existere pode se tornar, por certo, um simples equivalente de *esse* (// ὑπάρχειν / εἶναι), e *existentia* (// ὕπαρξις) um simples equivalente de *essentia*, como se observa em outro platônico latino desse tempo, Mário Vitoriano (*existentia* é aqui um termo muito instável, designando ou o *ser puro* indeterminado, por oposição à *substantia*, a realidade concreta determinada, ou o inverso, ou ainda, de maneira imprecisa, o *aliquid esse*), mas a carga metafórica do par especificamente latino *existere-existentia* (o verbo grego correspondente ἐξιστάναι significa literalmente "afastar-se", e em sentido figurado "estar fora de si"; o substantivo ἔκστασις, "o desvario" do espírito; assinale-se, porém, o significado mais próximo desses termos em Aristóteles, quando ele os aplica ao movimento)[10] não parece ter sido em seguida totalmente eliminada: Ricardo de Saint Victor decompõe *existere*, "provir de alguma coisa, ou seja, **ser** substancialmente **a partir de** alguma coisa, *ex aliquo sistere... ex aliquo esse*"[11]; Mestre Eckhart expõe a *existentia* das criaturas, produzidas em seu ser por Deus, como uma *extrastantia*[12]; Eustáquio de São Paulo[13] define a *existentia* como "certo modo da *essentia* pelo qual uma coisa é dita ser em ato, isto é, além de suas causas [*esse actu sive extra suas causas*]; ela começa a *existere* quando, pela força das causas, se produz no exterior [*foras prodit*; lit. *prod-ire* = ir adiante, manifestar-se]".

Entretanto, constata-se que a distinção *essentia/existentia* não era, do mesmo modo, usual antes do final do século XIII. Ela apareceu entre os sucessores de Tomás de Aquino, sobretudo em Egídio de Roma, e tornou-se clássica: "A essência, *essentia*, do homem não envolve a existência, *existentia*, necessária, o que significa que, segundo a ordem da natureza tanto pode acontecer quando este ou aquele homem existe, *existat*, ou quando não existe, *non existat*", escreve, por exemplo, Espinosa[14].

■ **Existentialitas** (s.f.): ver Mário Vitoriano[15] = ὑπαρκτότης (do verbo ὑπάρχειν, empregado como substituto de εἶναι).

1. *Discurso do método*, 4ª parte; trad. lat. E. de Courcelles.
2. *DRN* 2, 871 ss.
3. Ver *supra s.v.*
4. Ver *supra s.v.*
5. *Tim.* 38c.
6. 50c.
7. 52b.
8. Ver Heidegger, *Que significa pensar?* 2, 11.
9. Calcídio, *Comm.* c. 285: cf. Aristóteles, *Phys.* 191b.
10. Cf. *Anim.* 406b, *Phys.* 222b.
11. *De Trinitate* 4, 12 = *PL* 196, 938.
12. Ver V. Lossky, *Théologie négative et connaissance de Dieu chez M. Eckhart*, p. 129, n. 130.
13. *ISC* nº 189.
14. *Ética* 2, axioma 1.
15. *Adv. Ar.* 3, 7.

Facultas, faculdade

Do verbo *facere* = fazer, deriva o adjetivo *facilis*, do qual derivam o substantivo feminino *facilitas* e seu alótropo *facultas*. Esse termo ciceroniano ("As *facultates* são aquilo por meio do qual alguma coisa se torna mais fácil de executar ou sem o qual nenhuma coisa pode ser executada"[1]; cf. a tríade *potestas / facultas / voluntas*[2]) aplica-se em particular, no vocabulário escolástico, às potências da alma (*cognoscitivae facultates, appetitivae facultates*), ou designa mais geralmente "uma facilidade da possibilidade devida ao *habitus*" (Tomás de Aquino[3]; por exemplo, o livre-arbítrio é uma *facultas* da vontade e da razão).

1. *De inventione* 1, 41, 27.

2. *Ibid.* 2, 7, 24.
3. *Summ. theol.* 1ª, q.83, a.2.

Finis, fim

Este substantivo, na maioria das vezes masculino, corresponde a duas palavras gregas, ὅρος e τέλος. De um lado, significa o *limite* de um espaço, donde o *fim* de alguma coisa ou sua *definição*; de outro, significa o *objetivo último* de uma ação. Quando Cícero intitula seu principal tratado de moral *De finibus bonorum et malorum*, ele pretende procurar, em meio à diafonia das escolas, qual é o bem supremo (o *summum bonum*: virtude, prazer...?), mas também "aquilo *em vista do* que é necessário desejar os outros bens, e que deve ele próprio ser desejado por si mesmo (*propter se ipsum*)", segundo a fórmula de santo Agostinho[1].

1. *Civ. Dei* 19, 1, 1.

Forma, forma

Termo tão polivalente quanto transparente, o substantivo feminino *forma* (na origem o contorno que circunscreve uma matéria e a de-fine) significa a *forma* (εἶδος, μορφή, σχῆμα), seja a *forma formante* (ver Tertuliano[1]: a alma é assimilada a um sopro que se torna sólida ao "congelar-se" na *forma*, no molde, do corpo), seja a *forma formada*. Daí os principais significados da palavra em filosofia: 1º. *forma inteligível exemplar*: ver Cícero[2]: *has rerum formas appellat* ἰδέας [Platão]; Apuleio[3]; Agostinho[4]. 2º. *forma que determina o ser de uma coisa*: ver Mário Vitoriano[5]; Tomás de Aquino[6]. Por oposição a *materia*: "Das *formae* fora da matéria vieram essas outras *formae* que estão na matéria e produzem o corpo. Atribuimos de maneira equívoca o nome de *formae* a todas aquelas que estão na matéria, quando são apenas imagens; pois nós as assimilamos às *formae*, que, por sua vez, não são constituídas na matéria."[7] 3º. *essência, natureza de uma coisa*: ver Suarez[8]. 4º. *forma aparente distintiva, expressão da substância própria*: ver Mário Vitoriano[9]. 5º. *forma aparente superficial*: *forma* designa com freqüência a bela forma, a beleza de uma forma (*formosus* = de belas formas). 6º. *forma de um ra-*

ciocínio, disposição das proposições considerada independentemente de sua *matéria* específica; *forma de uma proposição*, sua estrutura lógica considerada independentemente da *matéria* de suas partes lógicas.

■ **Forma substantialis / forma accidentalis:** a *forma substancial* confere o ser a uma coisa, ela constitui, ao determinar a matéria, uma substância dada; a *forma acidental* confere somente uma qualidade nova a uma substância já formada: por exemplo o calor de uma pedra (sobre a subversão dessas noções escolásticas, ver E. Gilson[10]). **Formalis** (adj.): cautela com o contra-senso moderno! Esse termo escolástico[11], adotado por Descartes, se diz do que possui uma existência atual, efetiva[12].

1. *De anima* 9, 7.
2. *Orator* 3, 10.
3. *De Platone* 1, 5, 190; 1, 6, 192.
4. *Div. quaest.* 46, 2.
5. *Adv. Ar.* 2, 4; 4, 10.
6. *In V Metaph.* lect. 2, n.775.
7. Boécio, *Trin.* 2 = *PL* 64, 1250.
8. *Disp. Met.* 15, 11, 3-4 (= *ISC* nº 311).
9. *Adv. Ar.* 1, 53.
10. "La critique cartésienne des formes substantielles", em *Études sur le rôle de la pensée médiévale dans la formatiom du système cartésien*, 5ª ed., Paris, 1984, pp. 143 ss.
11. Ver Suarez, *Disp. met.* 2, 1, 1 = *ISC* nº 80.
12. Ver *infra s.v. objectum, realitas*.

Fortuna, fortuna

Ao comentar a fala do rei Evandro no Canto VIII da *Eneida* (334 *Fortuna omnipotens et ineluctabile fatum*, "a Fortuna onipotente e um destino inelutável [me instalaram nestes lugares]"), o gramático Servius nota que o poeta se exprimiu como os estóicos, "que atribuem o nascer e o morrer aos destinos[1], tudo o que está entre [os dois] à *fortuna*; pois tudo na vida humana é incerto"[2]. Mas depende do sábio, de sua *virtus* própria, tornar-se independente dessa incerteza exterior: ficar insensível a suas seduções[3] e invulnerável a seus golpes.

1. Cf. *supra s.v. amor fati*.
2. *SVF* 2, nº 972.
3. Sêneca, *Epist.* 8, 3.

Genus, gênero

Este substantivo neutro, equivalente do grego γένος, designa primeiramente a raça, depois todo conjunto de coisas que têm uma origem comum[1]. Daí o emprego filosófico de *genus*, por oposição a *pars*: "O *genus* é o que abrange várias partes, como o animal. A parte é uma divisão do *genus*, como o cavalo"[2]; por oposição a *species*: ver Sêneca[3].

1. Ver Mário Vitoriano, *In Cic. rhet.* 1, 5.
2. Cícero, *De inventione* 1, 22, 32.
3. *Epist.* 58, 88.

Habitus, maneira de ser adquirida

Conhecemos o provérbio medieval *Habitus non facit monachum*, no entanto há *habitus* e *habitus*! Se o "hábito" não faz o monge, a "maneira de ser habitual" contribui fortemente para isso. De fato, o substantivo masculino *habitus*, que é para o verbo *habere* (= *ter* ou, empregado intransitivamente com um advérbio, *estar neste ou naquele estado*) o que o grego ἕξις[1] é para ἔχειν, já designava em Cícero[2] "a perfeição constante e definitiva da alma ou do corpo em certo domínio, como a posse de uma virtude ou de uma arte, ou de qualquer ciência, e também certa aptidão corporal que não foi dada pela natureza, mas *adquirida* pelo esforço e pela aplicação". Essa significação, mudada por santo Agostinho[3], permanecerá fundamental nos medievais: o *habitus*, a *ayance**, como se dizia outrora, é certa disposição permanente – boa ou má – que se adiciona à substância do homem, a modifica e lhe confere desenvoltura para agir com vistas a um certo fim[4].

1. Ver Aristóteles, *Cat.* 8b.
2. *De inventione* 1, 25, 36.
3. *Div. quaest.* 73, 1.
* "Tenência". (N. do T.)
4. Ver Tomás de Aquino, *Summ. theol.* 1ª, 2ªᵉ, q.49-54.

Haecceitas, hecceidade

Eis um barbarismo capaz de ofuscar os neologismos filosóficos do último século. No jargão scotista, esse substantivo feminino designa o que faz que uma coisa seja *esta* [coisa], *haec* [res] (= τόδε τι) e não outra. E. Gilson observa que esse termo bastante adequado tem o único inconveniente de sugerir na diferença individuante "uma 'coisa' em vez de seu oposto em ato que determina a singularidade de cada ser real"[1]. Sinônimo: *ecceitas* (formado a partir do advérbio demonstrativo *ecce* = eis).

1. Jean Duns Scot, p. 464, n. 2.

Homo, humanitas, homem, humanidade

Ao muito conhecido provérbio *homo homini lupus*, "o homem é um lobo para o homem", responde outro: *homo homini deus est, si suum officium sciat*, "o homem é um deus para o homem, se ele conhece o seu dever [para com ele]". Basta falar da situação intermediária do homem, nascido da *terra* (*homo ab humo*), entre os seres celestes, com os quais não compartilha a imortalidade, e os animais, com os quais não compartilha a irracionalidade, pelo menos de modo constitutivo, pois o *homo* (= ἄνθρωπος; distinguir de *vir* = o homem por oposição à mulher) corre sempre o risco de se metamorfosear em *bestia* (/ *fera*). É o caso do tirano: "Ele tem aparência humana, mas sobrepuja por sua desumanidade [**immanitas**, que designa propriamente a monstruosidade; é substituída com freqüência, para fins expressivos, por **inhumanitas**] as mais selvagens feras. Como atribuir legitimamente o nome d'*homo* àquele que recusa ter com seus concidadãos, com o conjunto do gênero humano toda comunidade jurídica, toda solidariedade humana?"[1]

O substantivo feminino *humanitas* significa o que faz a qualidade do homem: a benevolência para com seus semelhantes (= φιλανθρωπία), e a cultura do espírito (= παιδεία), a civilidade e a civilização.

1. Cícero, *Rep.* 2, 26, 48.

Honestum, o belo moral

Este adjetivo substantivado traduz supostamente, desde Cícero, o grego τὸ καλόν, que exprime de forma indissociável o soberano bem e a beleza suprema. Mas essa equivalência de princípio revela-se, com o uso, factícia, pois *honestus*, ou o substantivo derivado *honestas*, exprime menos a "beleza" do bem, que suscita o amoroso desejo do filósofo, que a "honestidade" de um ato, de uma alma, de uma pessoa. Sem dúvida, os estóicos pretenderam mostrar que o *belo* se confunde com a "moralidade" – o que só é digno de honra (*honos*) –, mas para que essa identidade seja algo mais que uma simples convenção teórica, para que ela tenha verdadeiramente um sentido, seria necessário que fosse perceptível na própria palavra a analogia com a imagem sensível do Belo: a beleza do corpo. Seria necessário que essa perfeição moral pudesse ser apreendida em termos estéticos sublimados, que signifique, em sua ordem, harmonia e esplendor. Ora, diferentemente de καλός, *honestus* não permite tal transposição, pois, quando qualifica o aspecto exterior de um corpo, não exprime propriamente sua beleza (ao contrário do que superficialmente indicam os dicionários), mas o que chamaríamos sua "distinção". Santo Agostinho[1] poderá considerar como equivalentes respectivos de *honestus* e de *honestas* as perífrases *pulcher invisibilis*, "belo invisível", e *intelligibilis pulchritudo*, "beleza inteligível"; essa noção define-se, de fato, em relação à de utilidade, como o que é um *bem em si* em relação àquilo que é um bem relativamente a outro fim.

[1]. *Div. quaest.* 30.

Idea, idéia

Para designar as Formas inteligíveis que Platão colocava no princípio de toda realidade, e que ele chamava ἰδέα ou εἶδος, os filósofos romanos utilizam geralmente termos latinos[1]. Acontece, porém, que eles empregavam com certa freqüência a palavra grega ἰδέα tal qual[2] ou transliterada em *idea*[3].

Mas *idea* designará também, geralmente, a causa paradigmática da produção de uma coisa, não mais uma forma transcendente contida na Inteligência divina, mas a idéia presente no espírito do artista ou do artesão humano, de acordo com a qual ele cria sua obra[4]: o que Aristóteles chamava εἶδος[5], mas os médio-platônicos ἰδέα, por oposição a um εἶδος que, segundo eles, designaria apenas a forma realizada na obra[6].

Na idade clássica, *idea* significará, mais amplamente ainda, "a forma de qualquer pensamento", segundo a definição de Descartes[7], "pela percepção imediata de que sou consciente desse mesmo pensamento"; "dou o nome de *idea* a tudo o que é concebido imediatamente pelo espírito, de tal modo que, quando quero e temo, porque concebo ao mesmo tempo que quero e temo, essa mesma volição e esse mesmo temor são colocados por mim no número das idéias. E usei esse nome porque ele já estava sendo correntemente empregado pelos filósofos para significar as formas de concepções do espírito divino"[8].

Em aparência, a inversão é total, uma vez que se passou de uma *Idéia* à imagem da qual são as coisas para uma *idéia* imagem das coisas, de certa forma um εἴδωλον. Entretanto, notase, de um lado, que a *idea* conserva um valor paradigmático – quando, pelo menos, é verdadeira – visto que ela é o princípio do conhecimento que temos de uma coisa; de outro lado, que essa redução da *idea* a um objeto mental remonta à identificação estóica das ἰδέαι com os ἐννοήματα[9].

1. Ver *supra* s.v. *forma* e *infra* s.v. *ratio, species*.
2. Ver Cícero, *Acad. post.* 1, 8, 30; *Tusculanae* 1, 24, 58; Apuleio, *De Platone* 1, 5, 190.
3. Ver Sêneca, *Epist.* 58, 18; Agostinho, *Div. quaest.* 46, 2; Calcídio, *Comm.* c. 341; Mário Vitoriano, *Adv. Ar.* 4, 5.
4. Ver Tomás de Aquino, *Summ. theol.* 1ª, q.15; *Quodlibet.* 4, q.1, a.1, resp.
5. *Phys.* 194b; *Metaph.* 1032b, 1034a.
6. Ver Sêneca, *Epist.* 58, 20-21; 65, 7.
7. *2ae Resp.* def. 2 = AT 7, p. 160.
8. *3ae Resp.* = AT 7, p. 181.
9. *SVF* 1, nº 65.

Impetus, movimento para, impulso para, ímpeto

Derivado do verbo *petere* = "dirigir-se para, procurar atingir", o substantivo masculino *im-petus* significa propriamente "um movimento violento para a frente". Termo de guerra, termo de moral (ver Cícero[1]: "a *temperantia* é o domínio exercido pela razão com firmeza e medida sobre o desejo sensual, *libido*, e os outros impulsos, *impetus*, desregrados da alma"; mas *impetus*, de modo mais neutro, designa também a impulsão automotora que caracteriza os *animalia* em relação aos seres inanimados: ver Cícero[2], termo de física. Com efeito, *impetus* se tornará uma noção-chave da mecânica pré-newtoniana: noção herdada da ciência árabe e desenvolvida no século XIV por Jean Buridan, contra a teoria aristotélica do movimento dos projéteis e da idéia de uma ação propulsora do meio ambiente. Segundo Buridan, "é o motor que imprime ao corpo móvel certo *impetus*, certa força motriz [...] E é esse *impetus* que move o projétil quando o *projiciens* deixou de o mover", *impetus* esse que diminui continuamente em virtude da resistência do ar e da força gravitacional exercida sobre o projétil[3]. A noção de *impetus* permanece central na dinâmica de Descartes e de Leibniz, articulada com a de *conatus* (cf. *supra s.v.*; sobre as dificuldades apresentadas por esses termos, ver M. Gueroult[4]).

1. *De inventione* 2, 54, 163.
2. *De officiis* 1, 3, 11.
3. *Quaest. in phys.* 8, q.12.
4. *Dynamique et métaphysique leibniziennes*, Paris, 1934, pp. 35 ss. e 70 ss.

Impositio, atribuição de uma significação a um som vocal

Não nos deixemos intimidar pelo aparente jargão da lógica escolástica! *Impositio* nos remete, de fato, para o velho problema da origem da linguagem: como a *vox*, a matéria vocal, se articula em sinais característicos das diversas coisas, das *res*? Foi a natureza que fez os homens exprimirem os nomes das coisas[1] ou foi um homem – um homem ou Hermes – quem "impôs nomes a todas as coisas" *omnibus rebus imposuit nomina*[2]? O próprio substantivo, *impositio*, já era empregado por Varrão[3]. Boécio utiliza a forma simples, *positio*, como equivalente do grego θέσις (oposição φύσις): "Entre as *voces* que significam, umas significam naturalmente [como as que mostram naturalmente as dores e as alegrias], outras não, aquelas que dizemos ser *secundum positionem*, isto é [...] aquelas que os homens estabeleceram por convenção, *posuerunt*; [... em outras palavras] segundo o arbítrio, *secundum placitum*, daqueles que as estabeleceram."[4]

Im-positio designa o ato pelo qual são constituídos os sinais vocais convencionais (*secundum positionem*), ou seja, o ato pelo qual uma pessoa *coloca* arbitrariamente uma *vox*, um som vocal, *em* uma coisa; a *vox* passa a ser então uma *dictio*, um termo que significa. Para a classificação complexa dos *nomina primae impositionis* e dos *nomina secundae impositionis*, designando estes *grosso modo* "nomes dos nomes", ver Guilherme de Ockham[5].

1. Ver Lucrécio, *DRN* 5, 1028 ss.
2. Cícero, *Tusculanae* 1, 25, 62.
3. *L.L.* 10, 51.
4. *In libr. de interpr. ed. prim.* 1 = *PL* 64, 301.
5. *Summ. log.* 1, 11 (cf. A. de Libera, *La querelle des universaux*, pp. 365 ss.).

Individuus, indivisível, individual

"Em moral, o homem não se trata como um *individuum*, mas como um *dividuum*."[1]

O adjetivo *individuus* aparece a partir de Cícero, quer para traduzir o termo democritano e epicurista ἄτομος, átomo, sob forma de epíteto[2], ou de neutro substantivado *individuum*[3], quer para traduzir o termo platônico ἀμέριστος (Cícero[4]; cf. Calcídio[5]: "[Platão] nos ensina que a substância, ou, como diz Cícero, a essência, é dupla, uma é indivisível, *individua*, a outra é divisível, *dividua*, nos corpos. A indivisível é a do gênero a que pertencem todas as coisas eternas e sem corpo, as chamadas inteligíveis; a divisível aquela que é para os corpos causa de existência"). Mas, no final da Antiguidade, *individuus* aplica-se também ao ser individual, por oposição ao gênero e à espécie, o que Aristóteles chama, por vezes, ἄτομον, mas designa mais freqüentemente pelas perífrases τόδε τι ou τὸ καθ' ἕκαστον. Boécio[6] resume essa polissemia: "*Individuum* é definido de várias maneiras: chama-se *i*. o que é indivisível, como a unidade ou o espírito; chama-se *i*. o que, em virtude de sua solidez, não pode ser fragmentado, como o aço; chama-se *i*. aquilo cuja predicação aos outros semelhantes não convém; por exemplo, Sócrates: embora os outros homens lhe sejam semelhantes, não convém predicar Sócrates e o próprio ser de Sócrates dos outros homens." Esta última definição foi detalhada mais adiante por Boécio, traduzindo Porfírio[7]: "Chama-se *individua* os seres assim [Sócrates, o branco], porque cada um deles é constituído de propriedades cuja reunião nunca será idêntica em outro; de fato, as propriedades de Sócrates nunca serão reunidas de forma idêntica em nenhum outro dos seres particulares, ao passo que as propriedades do homem, quero dizer, do homem comum, serão reunidas de modo idêntico em vários, ou melhor, em todos os homens particulares enquanto homens."

Entretanto, Guilherme de Ockham[8] fornecerá uma reformulação nominalista eficaz do triplo sentido de *individuum*: "Para o lógico, *individuum* possui uma tripla acepção. Pois num primeiro sentido chama-se *i.* o que é numericamente uma coisa, *res*, e não várias, e assim se pode admitir que qualquer universal é um *i*. Em outro sentido, chama-se *i.* uma coisa fora da alma, que é uma e não várias, e que não é o sinal de alguma coisa; e assim qualquer substância é um indivíduo. Num terceiro sentido, chama-se *i.* o sinal próprio de uma única coisa, a que se dá o nome de termo discreto (*terminus discretus*); e assim Porfírio diz que o *i.* é o que se predica de uma única coisa. Ora, essa definição não se aplica a uma coisa existente fora da alma, por exemplo Sócrates, Platão e outros, porque tal coisa não se predica nem de um nem de vários; por isso convém entendê-la como um sinal próprio de uma única coisa, que pode se predicar apenas de essa única coisa."

Mas essa polissemia técnica não nos deve fazer perder de vista que em todos os seus empregos a palavra *individuum* significa, em primeiro lugar, a unicidade de uma unidade (ver a fórmula escolástica *Individuum est id quod indivisum est in se et divisum a quolibet alio*), e que, com muita freqüência, designa simplesmente o que os modernos chamam "indivíduo", a saber, cada um dos elementos singulares de uma espécie.

■ **Individuatio** (s.f.): termo escolástico. Segundo o *Lexicon*[9] de Goclenius, "o princípio de *individuação* é o que faz que uma forma, que não subsista por si mesma, comece a subsistir nisto ou naquilo". Leibniz ainda utiliza a expressão em 1663 na sua *Disputatio metaphysica de principio individui* § 3: para o jovem candidato ao bacharelado, o *principium individua-*

tionis das substâncias criadas não se encontra nem na sua forma nem na sua matéria mas em sua *entitas tota*[10]. Schopenhauer denomina o espaço e o tempo *pr. ind.*[11]

1. Nietzsche, *Humano, demasiado humano*, 1, 2, § 57.
2. *De finibus* 1, 6, 17: *corpora individua*.
3. *Acad. prior.* 2, 17, 55.
4. *Tim.* 7, 21 = *Tim* 35a.
5. *Comm.* c. 27.
6. *In Isag. Porph. ed. sec.* 2, 7 = Brandt, p. 195.
7. 3, 11 = Brandt, pp. 234 ss.
8. *Summ. log.* 1, 19.
9. P. 232.
10. Ver *supra s.v.*
11. *O mundo como vontade e representação*, 1, 2, § 23.

Inductio, indução

Esta tradução do grego ἐπαγωγή aparece a partir de Cícero[1], que distingue dois tipos de argumentação retórica: *per inductionem* e *per ratiocinationem*. "A *inductio* é um discurso que, por coisas não duvidosas, capta o assentimento do interlocutor; e que, a partir desse assentimento, o faz aprovar certas coisas duvidosas em razão de sua similitude com as coisas a que ele deu seu assentimento. [...] Sócrates fez grande uso desse modo de discussão, porque não queria apresentar nada de sua autoria para persuadir; ele preferia concluir alguma coisa a partir daquilo que era oferecido pelo interlocutor, alguma coisa que este último devia necessariamente aprovar de acordo com o que ele já tinha concordado." *Grosso modo*, a *inductio* é a argumentação analógica; por oposição "a *ratiocinatio* é um discurso que tira da própria coisa, *ex ipsa re*, algo provável"[2].

Boécio utilizará também *inductio* para traduzir ἐπαγωγή, mas no sentido mais estrito que Aristóteles dá a essa palavra em seu *Organon*: a *inductio* conduz o espírito dos casos singulares para o universal[3]; o procedimento é descrito precisamente em *Prior. anal. interpr.*[4] Os medievais adotarão a definição da *inductio* como *a singularibus ad universale progressio* (ver, p. ex., Guilherme de Ockham[5]: *progressio* traduz ἔφοδος).

1. *De inventione*, 1, 31, 51-53.
2. *Ibid.* 34, 57; ver *infra s.v. syllogismus*.
3. *Top. interpr.* 1, 14 e 8, 1 = *PL* 64, 923 e 994: cf. Aristóteles, *Top* 105a e 156a.

4. 2, 23 (= *PL* 64, 708: cf. Aristóteles, *Anal. prior.* 68b).
5. *Summ. log.* 3-3, 31.

Infinitus, infinito

O adjetivo é empregado por Cícero no sentido de "infinito" (*De divinatione*[1]: segundo Epicuro, o Todo, "não tendo limite, é necessariamente infinito = ἄπειρον") e de "indefinido" (uma *quaestio infinita* é uma questão abstrata, geral, teórica, em que as pessoas e as circunstâncias de tempo e de lugar não são definidas, por exemplo "apenas o bem é amável?"; em contrapartida, uma *quaestio finita* é uma questão concreta, individual, prática, de ordem jurídica ou judiciária[2]). Neste segundo sentido, *in-finitus* substituía *in-definitus*, quase ignorado do latim antigo, empregado, todavia, por Boécio para traduzir o ἀόριστος da lógica aristotélica (por exemplo, "um homem é justo" ou "um homem não é justo" são *propositiones indefinitae*, nem universais nem particulares[3]).

Descartes estabelecerá uma distinção nítida entre *in-definitus* e *in-finitus*: "Chamo propriamente de *infinitum* aquilo em que não se encontra limites em parte alguma; nesse sentido, somente Deus é *infinitus*; quanto às coisas nas quais, consideradas isoladamente, não reconheço fim, como a extensão do espaço imaginário, a multidão de números, a divisibilidade das partes da quantidade, e outras coisas semelhantes, denomino-as, por certo, *indefinita* mas não *infinita*, porque elas não são em todas as suas partes sem fim[4]; Descartes dará mais tarde uma expressão mais apurada a essa distinção, opondo o *infinitum* divino, "em que compreendemos positivamente que não existe nenhum limite" e as coisas *indefinita*, "em que, negativamente, nos confessamos incapazes de encontrar os limites[5]. Cuidado, porém, com o advérbio "negativamente"! Santo Tomás distinguia um *infinitum privative* e um *infinitum negative*, mas o infinito no sentido negativo era então a negação absoluta de todo limite, identificável com a absoluta perfeição de Deus: "o que é forma ou ato não limitado por uma matéria ou um sujeito receptáculo"[6]; sendo o infinito, no sentido privativo, o que não se acaba.

1. 2, 50, 103.
2. Quintiliano, *I.O.* 3, 5, 5 ss.
3. Cf. *In libr. de interpr. ed. pr.* 1 = *PL* 64, 321.
4. *1ᵃᵉ Resp.* = AT 7, p. 113.
5. Cf. *Principia* 1, 27 = AT 8, p. 15.
6. *Summ. theol.* 1ᵃ, q.11, a.3, ad 1.

Intellectus, intellegentia, intelecto, inteligência

O verbo *intellegere* significa compreender, ou seja, reunir as idéias *entre* elas (*inter-legere*) ou apreender a realidade *íntima* de uma coisa (*intus-legere*). Dele derivam dois substantivos, um feminino, *intellegentia* (ou *intelligentia*), já freqüente em Cícero, o outro masculino, *intellectus*, que só se tornou corrente um século mais tarde. Esses dois nomes apresentam-se ambivalentes, visto que podem designar ou **a faculdade de inteligência** (Cícero, *Tim.*[1]: "[o deus] encerrou a *intellegentia* na alma, a alma no corpo"; *De nat. deor.*[2]: segundo os estóicos, o mundo e os astros em particular, que se movem de acordo com uma ordem numerada e racional, são dotados de *intellegentia*; Quintiliano[3]: a razão, *ratio*, é comum aos homens e aos deuses, mas "não nos seria tão útil nem seria tão manifesta em nós, se não pudéssemos também exprimir pela palavra o que concebemos pelo espírito, *mens*, o que faz muito mais falta aos outros animais, como podemos ver, do que certa forma de *intellectus* e de pensamento"); ou **a inteligência em ato** (Cícero[4]: "Como *intellegentia* da alma lhes era difícil – o que é a alma e qual ela é –, Dicearca e Aristoxenes disseram que ela não existia de maneira alguma"; Apuleio[5]: "os deuses que a natureza recusou ao nosso olhar, nós os escrutamos e os contemplamos por um *intellectus*, contemplação muito mais intensa graças à acuidade do espírito"); ou **os conhecimentos contidos na inteligência** (Cícero[6]: "a natureza não apenas dotou o homem da rapidez do espírito, mas também lhe atribuiu os sentidos como servidores e mensageiros, e lhe forneceu [...] as *intellegentiae* de um grande número de coisas, como fundamentos do seu conhecimento"; Sêneca[7]: segundo os estóicos, todo animal possui desde seu nascimento o *intellectus* do que o conserva ou o destrói). Encontramos assim a equivalência *intellegentia* = *notio* = ἔννοια[8] e *intellectus* = *ideae*[9].

Verifica-se, porém, que *intellegentia* não conservará seu sentido passivo e se traduzirá desde então normalmente por inteligência. A palavra apresenta-se com freqüência no interior da tríade memória, inteligência, vontade (a *mentis trinitas* de Agostinho[10]). Designa também, na filosofia medieval, as substâncias intelectivas separadas da matéria: "*Intelligentia* significa exatamente o próprio ato do *intellectus*, que é *intelligere*. Em certos livros traduzidos do árabe, porém, as substâncias separadas, que denominamos Anjos, são chamadas *intelligentiae*, talvez porque substâncias desse gênero exercem sempre sua atividade intelectiva (*semper actu intelligunt*). Entretanto, nos livros traduzidos do grego, são chamadas *intellectus* ou *mentes*."[11] Enfim, nota-se que a *intellegentia* não se reduz ao conhecimento conceptual e discursivo, à διάνοια; pelo contrário, desde santo Agostinho, ela é considerada superior à *ratio*, porque "tem a visão da forma simples"[12].

Diversamente de *intellegentia*, o masculino *intellectus* conservará a ambivalência primitiva. Assim como a visão nos olhos é constituída a partir do próprio sentido e do objeto sensível, escreve Agostinho[13], também o *intellectus* na alma "é constituído a partir do sujeito que intelige e do objeto que é inteligido", *ex intellegente et eo quod intellegitur*. Esse *status* intermediário do *intellectus* aparece bem no início do comentário *De interpretatione*, em que Boécio parafraseia a relação estabelecida por Aristóteles entre os sons da voz, os παθήματα da alma e as coisas: "As coisas, *res*, são o que percebemos pela razão da alma e discernimos pelo *intellectus*. É pelo *intellectus* que somos informados das próprias coisas, é pelas *voces* que significamos o que apreendemos pelo *intellectus*. [...] O *intellectus* concebe a coisa, e as *voces* designam o intellectus. [...] O *intellectus* é uma espécie de afeição (*passio*) da alma. [...] Pois, quando vejo um círculo ou um quadrado, concebo pelo meu espírito sua figura, e forma-se uma imagem (*similitudo*) dessa figura na razão de minha alma, e a alma é afetada por essa imagem da coisa inteligida."[14] Há que estar atento, portanto, a ambigüidade do termo *intellectus*, que designa ora o *intelecto* (= νοῦς) ou o ato de *intelecção* (= νόησις), ora o próprio *conceito* (= νόημα)[15].

No sentido ativo *intellectus* equivale, por vezes, a *intelligentia*, em relação ao conhecimento discursivo da *ratio* (ver, por exemplo, Tomás de Aquino[16]: "*Intellectus* parece designar um conhecimento simples e absoluto; pois diz-se que uma pessoa *intelige* porque, de alguma maneira, ela lê a verdade no *interior* da própria essência da coisa"; na *Ética*[17]: "o *intellectus* tira seu nome daquilo que lê na essência de uma coisa por uma *intuição* no *interior* dela"). Mas, na maior parte do tempo, é notável a distinção entre *intellectus* e *intelligentia*: seja porque a *intelligentia* se encontra definida como o ato da potência da alma que é o *intellectus*[18], seja porque o *intellectus* se apresenta como uma potência da alma inferior à *intelligentia*; assim, na hierarquia boaventurense das funções da alma[19] ou na classificação agostiniano-avicenista do *De anima* de Gundissalinus: a ciência se obtém pelo *intellectus*, mas a sabedoria pela *intelligentia*, olho superior que permite à alma contemplar-se a si mesma, contemplar Deus e os inteligíveis[20].

O substantivo masculino *intellectus* encontra-se além disso, e com mais freqüência, no interior de uma daquelas sábias perífrases por meio das quais a Escolástica traduz as fórmulas de Aristóteles ou de Alexandre de Afrodisias. Assim, a expressão *intellectus agens* (= νοῦς ποιητικός) designará o intelecto agente, que abstrai os inteligíveis contidos em potência nas imagens dos objetos sensíveis (na tradição greco-árabe, não se trata de uma parte da alma humana, mas de uma substância separada, de uma *intelligentia agens*, única para todos os homens). O *intellectus possibilis* (= δυνάμει) é o intelecto enquanto lugar das formas inteligíveis contidas em potência na alma humana, que o *intellectus agens* vem atualizar como a luz as cores[21]. Não confundir com o *intellectus passibilis* ou *passivus*, o παθητικὸς νοῦς de Aristóteles![22]

O que se tornou o *intellectus* na filosofia clássica? Se lembrarmos *Meditatio secunda* de Descartes, algo aparentemente um pouco vago: uma *coisa que pensa*, entre *mens* e *ratio*[23]. Com efeito, *intellectus* corresponde aqui a νοῦς, o νοῦς de Aristóteles, entendido não no sentido estrito de faculdade teórica intuitiva mas no sentido amplo de faculdade de pensar e de compreender, o que inclui, portanto, a διάνοια: "Existem em nós somente quatro faculdades de que podemos fazer uso [para conhecer as coisas]: a saber, o *intelecto*, a imaginação, os sentidos e a memória. A bem dizer, apenas o *intelecto* é capaz de perceber a verdade, ele deve, porém, ser ajudado pela imaginação, os sentidos e a memória."[24] Traduzimos por "intelecto" porque Descartes emprega *intellectus*; mas é ir, não o ignoramos, contra o costume: na tradução das *Meditationes*, o duque de Luynes traduz *intellectus* por "entendimento" (ou "faculdade de entender", como no final da 2.ª *Meditatio*; ao passo que o verbo *intelligere* é traduzido variavelmente como "entender", "conceber", "conhecer", "compreender") e Clerselier faz o mesmo em sua tradução das *Responsiones*: assim, *Nec dico idem esse rem intelligentem et intellectionem, nec quidem rem intelligentem et intellectum, si sumatur intellectus pro facultate, sed tantum quando sumitur pro re ipsa quae intellegit*[25] é traduzido como: "E eu não digo que a intelecção e a coisa que entende sejam uma mesma coisa, nem tampouco a coisa que entende e o entendimento; o entendimento é tomado por uma faculdade, mas apenas quando ele é tomado pela própria coisa que entende."

Essa equivalência está ratificada por Leibniz em seus *Novos ensaios sobre o entendimento humano*[26]: "Apercebemo-nos de muitas coisas em nós e fora de nós que não entendemos, e passamos a *entendê-las* quando temos idéias distintas, com o poder de refletir e de extrair delas verdades necessárias. [...] Assim, na minha concepção, o *entendimento* responde ao que os latinos chamavam *intellectus*, e o exercício dessa faculdade denomina-se *intellection*, que é uma percepção distinta somada à faculdade de refletir, o que não existe nos animais."

Entretanto, pode-se observar em Descartes, o *intellectus*-entendimento designa, por vezes, algo mais amplo do que o espírito (*mens*) que se serve somente de si mesmo[27]; assim, nos *Principia philosophiae*[28] são distinguidos dois modos gerais de pensar, "um é a percepção, ou operação do *intellectus* [na tradução francesa do abade Picot, revista e aprovada pelo autor: "l'une consiste à apercevoir par l'entendement"*]; o outro é a volição, ou operação da vontade; pois sentir, imaginar e *pure intelligere* [trad. fr. Picot = "Concevoir des choses purement intelligibles"**] são somente os diferentes modos de perceber". Portanto o *intellectus* não é sempre puro. "O *intellectus* dos sabores", escreveu Plínio o Velho, "está para os outros animais na parte anterior da língua, para o homem também no palato."[29] "No paladar e no olfato", afirmava um interlocutor de Cícero, defendendo os julgamentos dos sentidos contra o ceticismo da Nova Academia, "existe alguma *intellegentia*, ainda que defeituosa"[30].

Mas por que motivo a filosofia da idade clássica substituiu o decalque do latim *intellectus*, "intelecto", pelo termo "entendimento", que não tem homólogo latino, enquanto continuava a usar correntemente os derivados de *intellectio* ou *intelligibilis*? Seria para evitar um termo comprometido pelos debates escolásticos sobre a separação do intelecto, e voltar a ancorar na alma humana a faculdade de conhecer?

■ **Intelligibilis** (adj.): *inteligível* (= νοητός) por oposição a *sensibilis*[31]. **Intellectualis** (adj.): intelectual (= νοερός), isto é, que conhece pelo intelecto por oposição a *intelligibilis*, que é conhecido pelo intelecto. Atenção! acontece que um, em princípio de sentido ativo, seja empregado pelo outro, em princípio de sentido passivo, e vice-versa. **Intellectibilis** (adj.): as almas humanas, pelo contato dos corpos, "degeneraram *ab intellectibilibus ad intellegibilia*" (Boécio[32]; neologismo de Vitoriano).

1. 3, 10.
2. 2, 12, 32 e 16, 43.
3. *Inst. or.* 2, 16, 15.
4. *Tusculanae* 1, 22, 51.
5. *De deo Socr.* 2, 121.
6. *Leg.* 1, 9, 26.
7. *Epist.* 121, 19.
8. Ver Cícero, *De finibus* 3, 6, 21.
9. Ver Calcídio, *Comm.* c. 304.
10. *De Trinitate* 10, 11, 17; 14, 6, 8.
11. *Summ. theol.* 1ª, q.79, a. 10, resp.
12. Boécio, *Cons. phil.* 5, pr. 4, 30; ver P. Abelardo, *De intellectibus*, § 21-22.
13. *Sol. 1, 6, 13.*
14. *PL* 64, 297.
15. Ver Tomás de Aquino, *De veritate* q.17, a.1 resp.

16. *De veritate* q.15, a.1 resp.
17. 6, 5.
18. Ver *ISC* nº 402.
19. Ver *Itinerarium* 1, 6.
20. Ver E. Gilson, *Les sources gréco-arabes de l'augustinisme avicennisant*, Paris, 1986, pp. 86 s.
21. Ver *ISC* nº 160.
22. Ver Tomás de Aquino, *De anima* 3. c.4; *C. Gentles* 2, 60.
23. Cf. *supra s.v. animus*.
24. *Regulae*...12 = AT 10, p. 411.
25. *3ae Resp.* = AT 7, p. 174.
26. 2, 21, § 5.
27. *5ae Resp.* = AT 7, p. 385.
28. 1, 32.
* "Uma consiste em perceber pelo entendimento." (N. do T.)
** "Conceber coisas puramente inteligíveis." (N. do T.)
29. *N.H.* 11, 65, 3.
30. *Acad. prior.* 2, 7, 20.
31. Ver Sêneca, *Epist.* 124, 2.
32. *In Isag. Porph.* ed. prim. 1, 3 = Brandt, p. 9.

Intentio, intenção

Tensão na direção de, tensão para... tensão do corpo, comparado a um instrumento cujas cordas produziriam a harmonia que é a alma, no dizer de Aristoxenes[1], tensão da alma que reúne suas forças contra a dor[2], tensão da vontade na direção de um fim (a intenção daquele que age, escreve ou fala; ver Cícero[3]), porém, mais especificamente, tensão do pensamento voltada para um objeto, quer por intermédio dos sentidos (ver Calcídio[4]: segundo Heráclito, a visão produz-se quando "a *intentio* da alma se dirige através dos condutos dos olhos, toca e apalpa os objetos a serem vistos"; Agostinho[5]: na visão, distinguir-se-á a coisa vista, a própria visão, "que não existia antes de sentirmos a coisa apresentada aos sentidos", e "o que retém o sentido dos olhos na coisa que é vista, durante o tempo em que ela é vista, quer dizer, a *animi intentio*"), quer sem os sentidos: "Pois, uma vez retirada a forma corporal que era percebida por um sentido corporal, fica na memória uma similitude dessa forma, para a qual a vontade pode novamente voltar o olhar [*acies* significa exatamente a agudeza do olhar lançada como uma arma de arremesso na direção do alvo] da alma", de modo que o pensamento[6] se forma da reunião da imagem interior, da visão interior e da *animi intentio*[7].

Compreende-se, pois, o emprego que farão desse termo os filósofos da Idade Média e, depois deles, F. Brentano e os fenomenólogos modernos. A *intentio* significa a aplicação do espírito a um objeto e, por metonímia, esse próprio objeto; ela pode decompor-se em *intentio prima* e em *intentio secunda*: a intenção primeira é a mira do espírito numa coisa fora dele, e a coisa assim conhecida; a intenção segunda é a aplicação do espírito a esse objeto apreendido por ele, e o conceito daí resultante, de certo modo um conceito de conceito.

Atenção! Não se deve, contudo, esquecer a polissemia da palavra: num contexto lógico, *intentio* designará por vezes a *significação* ou a *definição*, e, num contexto moral, principalmente a representação que um sujeito tem do *fim para o qual tende* uma ação que ele comete voluntariamente. Cuidado também para não confundir *intentio* e *intensio*: esse alótropo significa, na terminologia escolástica, o aumento, a *intensificação*, das qualidades de uma coisa, por exemplo, o calor de uma mão que passa da sombra para o sol (oposição: *remissio*).

1. Ver Cícero, *Tusculanae* 1, 10, 19.
2. *Ibid.* 2, 23, 54.
3. *De inventione* 2, 43, 125.
4. *Comm.* c. 237.
5. *De Trinitate* 11, 2, 2.
6. *Cogitatio*, cf. *supra s.v.*
7. *Ibid.* 3, 6 – 4, 7.

Intuitus, intuição

Ninguém pode *olhar em direção* (*in-tueri*) ao sol, recordava em sonho a Cipião o espectro de seu glorioso ancestral[1]. Derivado desse verbo, o substantivo masculino *intuitus* não é antigo e só passou a ser usado a partir do século IV (o alótropo *intuitio* é extremamente raro). Os Padres latinos utilizam-no sobretudo em sentido figurado para designar um olhar do espírito que capta de imediato uma realidade em sua totalidade: assim como os homens, no juízo final, terão a visão instantânea de sua vida inteira (Agostinho[2]: *mentis intuitu*), também os conceitos simples[3] são apreendidos por um *intuitus* puro da alma[4].

Assim como o νοῦς dos *Segundos Analíticos*, o *intuitus* apreende as essências e os princípios sem risco de erro. É um ato do entendimento, nos diz Descartes na terceira das *Regulae*, muito mais simples que a *deductio*[5]. É "uma representação concebida pelo espírito (*mens*) puro e atento, tão fácil e tão distinta que não subsiste absolutamente nenhuma dúvida sobre o que entendemos por ela. [...] Assim, cada um pode ver por intuição (*intueri*) que existe, que pensa, que um triângulo é delimitado por apenas três linhas e a esfera por uma superfície única, e outras coisas semelhantes, que são muito mais numerosas do que a maioria se dá conta, pelo fato de que desdenham voltar seu espírito para coisas tão fáceis. [...] Porém essa evidência e essa certeza do *intuitus* não são requeridas apenas para as enunciações, mas também para qualquer encadeamento discursivo. Com efeito, vejamos, por exemplo, a conseqüência seguinte: 2 e 2 são a mesma coisa que 3 e 1; não só é preciso *ver por intuição* que 2 e 2 são 4, e que 3 e 1 também são 4, mas além disso que dessas duas proposições conclui-se necessariamente a terceira"[6]. Embora Descartes pretendesse dar um novo uso à palavra *intuitus* – uma palavra carregada, é certo, de conotações teológicas, tendo os medievais feito da visão divina e da visão beatífica as formas por excelência da *intuitus* –, essa significação já era corrente na terminologia escolástica, que opunha a inteligência intuitiva (*intelligere est veritatem simplici intuitu considerare*) ao raciocínio (*ratiocinari autem est de uno intellecto ad aliud procedere*[7]).

Esse sentido fundamental será mantido em Espinosa, que assimila a *scientia intuitiva*, em que "vemos num simples olhar de relance" (*uno intuitu videmus*), ao conhecimento "do terceiro gênero"[8], e em Leibniz, que opõe a *cognitio intuitiva* à *cognitio simbolica*: por exemplo, eu só posso ter de um quiliógono um conhecimento "simbólico" ou "cego", visto que não posso me representar simultaneamente, como no conhecimento "intuitivo", todos os elementos que compõem sua noção[9].

1. Ver Cícero, *De rep.* 6, 18, 19.
2. *Civ. Dei* 20, 14.
3. Ver *supra s.v. intellectus*.
4. Boécio, *In libr. de interpr. ed. pr.* 1 = PL 64, 300.

5. Ver *supra s.v.*
6. AT 10, pp. 368 ss.
7. *ISC* nº 402.
8. Ver *Ética* 2, prop. 40, esc. 2.
9. Ver *Meditationes de Cognitione*... = Dutens 2,1, pp. 15 ss.

Ipse, ele próprio

Cuidado para não confundir os dois demonstrativos *ipse* e *idem*, mesmo que o primeiro se substitua por vezes ao segundo. *Idem* (= ὁ αὐτός) significa *o mesmo*[1], isto é, *o mesmo que* ou *que permanece o mesmo*. Daí deriva o substantivo *identitas* (= ταὐτότης), atestado desde Mário Vitoriano[2]. *Ipse* (= αὐτός) emprega-se para afirmar com insistência que se trata da pessoa ou do objeto que esse pronome determina, e não de outro: *ego ipse* = eu mesmo, *ipsum esse* = o próprio ser. O neologismo escolástico *ipseitas* é muito raro: são sobretudo os modernos que, em seu sabir, falam de *ipseidade*[3].

"Eu estava certo", declara santo Agostinho a Deus[4], "que tu és verdadeiramente, Tu que és sempre *idem ipse*"; ele afirma assim a imutabilidade (*idem*) d'Aquele que não é isto nem aquilo, mas unicamente Ele mesmo (*ipse*), Aquele que é. O que diz numa única palavra a contração que o teólogo tomou dos *Salmos*: *Idipsum*, termo que resume o *Ego sum qui sum* do *Êxodo*[5].

1. Ver Boécio, *Top. interpr.* 1, 6 = *PL* 64, 914.
2. *Adv. Ar.* 1, 48.
3. Ver, por exemplo, V. Jankelevitch, *Philosophie première* 7, 3.
4. *Conf.* 7, 20, 26.
5. Ver *ibid.* 9, 4, 11; e *supra s.v. essentia*.

Ira, cólera

O homem é freqüentemente definido como um animal racional[1]; de acordo com Sêneca[2], poder-se-ia acrescentar "irascível". Pois, se os animais têm o furor, a raiva, a selvageria, os instintos agressivos, estranhos tanto à razão quanto às paixões, eles ignoram a *ira*, a cólera. Devemos ficar atentos, porém, a esse substantivo feminino, que corresponde ao grego ὀργή, e que os estóicos definiam como "o desejo (*libido*) de punir aquele que parece nos ter causado injustamente um dano"[3], pode também designar mais amplamente o elemento da alma que Platão[4] denominava θυμοειδές, intermediário entre a razão e o desejo[5]. Em princípio, portanto, poderia haver uma boa *ira*, um ardor de sentimento a serviço da razão[6]. Mas a maior parte do tempo o termo é francamente pejorativo.

1. Ver *infra s.v. ratio*.
2. *De ira* 1, 3, 4.
3. Cícero, *Tusculanae* 4, 9, 21.
4. *Rep.* 4, 439-440.
5. Ver *infra s.v. ratio*.
6. Ver Tomás de Aquino, *Summ. theol.* 2ª 2ae, q.158, a. 2, ad 2.

Liber, libertas, livre, liberdade

Para um camponês romano, este adjetivo e o substantivo feminino derivado definiam, antes de tudo, um *status* jurídico, o do homem que não é escravo, *servus*, e que possui sua própria terra; significavam, portanto, a independência, como ἐλεύθερος / ἐλευθερία (cf. Aristóteles[1]: ἐλεύθερος ὁ αὑτοῦ ἕνεκα καὶ μὴ ἄλλου ὤν). Mas para o cidadão romano a *libertas* era também, positivamente, no âmbito da *res publica*, o direito de eleger os magistrados de sua escolha. E, na língua filosófica, o termo conservará esses dois aspectos, designando o estado de não-submissão a uma determinação estranha a si (ver Espinosa[2]: "Diz-se *libera* a coisa que existe somente pela necessidade de sua natureza e por si só é determinada a agir") – freqüentemente a fortuna ou as paixões[3] – ou o poder de escolha do indivíduo (ver Descartes[4]: "Que exista em nossa vontade a *libertas*, e que para muitas coisas possamos dar nosso assentimento ou não o dar a nosso arbítrio, é tão manifesto que isso deve ser contado entre as primeiras e as mais comuns de nossas noções inatas").

A expressão *liberum arbitrium* combina as duas noções. De fato, o substantivo neutro *arbitrium* (< *arbiter* = a testemunha, o juiz entre duas partes) significa por si só o poder de decidir, a livre vontade. O pleonasmo clássico *liberum arbitrium* (ou *liberum voluntatis arbitrium*) será útil aos teólogos cristãos para designar a vontade na livre disposição dela própria, mas também, mais particularmente, a responsabilidade do homem no pecado⁵.

1. *Metaph.* 982b.
2. *Ética* 1, def. 7.
3. Ver Sêneca, *Epist.* 51, 9; Cícero, *Paradoxa stoic.* 5, 34 ss.
4. *Princ. phil.* 1, 39 = AT 8, 19.
5. Ver Agostinho, *De gratia et libero arbitrio* 1, 1.

Lux / lumen, luz

A mesma raiz produziu dois nomes: um feminino, *lux*, que designa uma força luminosa difusa; o outro neutro, *lumen*, que designa na origem, mais concretamente, uma luz particular ou um objeto que ilumina. "A *lux* é a substância [luminosa] em si mesma", precisou o enciclopedista Isidoro de Sevilha¹ no século VII, "o *lumen* é o que escoa da *lux*". De fato, os filósofos medievais² marcarão uma distinção nítida entre a *lux*, a luz considerada em si, uma atividade de irradiação indefinida, e o *lumen*, a luz num meio transparente (o neologismo medieval *transparens* = "aparecendo através de" é o decalque do grego διαφανής; os antigos empregavam os adjetivos *perspicuus* e *perlucidus*; infelizmente, o verbo latino *parere* não oferece o duplo sentido de φαίνειν = brilhar, aparecer, pois a diafaneidade "não consiste simplesmente em deixar passar, em transmitir a luz, mas em recebê-la primeiro para si, em deixar-se penetrar por ela, de modo que fique si mesmo luminoso", como observa J. de Tonquédec³). Entretanto, fora dessa oposição expressa, *lux* pode ser empregado como seu alótropo *lumen*, e vice-versa.

Esses dois nomes são muitas vezes empregados metaforicamente. Deus é a "luz inteligível", *intelligibilis lux*⁴, que, da mesma forma que o Sol ilumina a Terra e as coisas sensíveis para as tornar visíveis aos olhos do corpo, ilumina as verdades inteligíveis para as tornar visíveis aos olhos da alma, a *mens*⁵. A própria razão é chamada "luz da natureza *ou* natural" *lumen naturae / naturale*: "Se a natureza nos tivesse concebido de forma que tivéssemos uma perfeita intuição dela", a filosofia seria inútil. "Mas, na realidade, ela nos transmitiu apenas pequeninas centelhas que depressa extinguimos, visto que somos corrompidos pelos costumes e pelas opiniões maldosas, a ponto de já não aparecer em parte alguma o *lumen naturae*."[6]

1. *Orig.* 13, 10, 14.
2. Ver Boaventura, *In libr. 1 Sent.* d.17, p. 1, a.1, q.1; Tomás de Aquino, *De anima* 2, lect. 14.
3. *Questions de cosmologie et de physique*..., Paris, 1950, p. 80.
4. Agostinho, *Sol.* 1, 1, 3; 1, 6, 12.
5. Ver *infra s.v.*
6. Cícero, *Tusculanae* 3, 1, 2; ver Descartes, *Princ. phil.* 1, 30.

Malum, o mal, um mal

Neutro substantivado, contrário de *bonum*[1]. E "nada é mais tolo", dizia o estóico Crísipos (citado por Aulo Gélio[2]), "do que pensar que poderia ter havido *bona* se ao mesmo tempo não houvesse *mala*. Pois, uma vez que os *bona* são o contrário dos *mala*, é necessário que um e outro existam, opostos um ao outro e mutuamente sustentados, por assim dizer, por seus esforços adversos; tanto isso é verdade que não existe contrário sem outra coisa que seja seu contrário". Isso é realmente tolice? "Ainda que ninguém duvide de que *bona* e *mala* sejam contrários, eles não só podem existir simultaneamente, como os *mala* não podem existir, em absoluto, sem os *bona*, embora estes possam existir sem os *mala*": santo Agostinho[3] retoma aqui implicitamente o princípio aristotélico[4] de que o contrário de um contrário é possível mas não necessário. Logo, *malum* designará somente uma *privatio boni*[5]: "Toda natureza, por mais viciosa (= defeituosa) que seja, é *bona* enquanto natureza, e *mala* enquanto defeituosa."[6]

Mas, se o precisamos com Leibniz[7]: *malum* pode ser entendido metafísica, física e moralmente. O *m. metaphysicum* consiste na imperfeição das coisas, mesmo sem inteligência, o *m. physicum* no sofrimento das substâncias inteligentes, e o *m. moral* em suas ações viciosas, isto é, no pecado. Os medievais usavam outra classificação: *m. naturale* = mal na natureza, *m. artificiale* – mal nas obras humanas, *m. morale* = mal nas ações humanas.

1. Ver *supra s.v.*
2. *Noct. att.* 7, 1 = *SVF* 2, nº 1169.
3. *Enchiridion* 4, 14.
4. Cf. *Categ.* 3b.

5. *Ibid.* 3, 11.
6. *Ibid.* 4, 13.
7. *Causa Dei*... 30 ss. = Dutens 1, pp. 478 ss.

Materia / -es, matéria

"Na natureza das coisas, *rerum natura*[1], há duas questões que se colocam", declara Cícero[2], antes de censurar Epicuro por ter ignorado a segunda, "primeiramente, qual é a *materia* de que é produzida cada coisa; em segundo lugar, qual é a força, *vis*, que produz cada coisa". Com efeito, para traduzir o grego ὕλη, que Aristóteles tinha apresentado como princípio complementar da μορφή, os estóicos do λόγος, Cícero estabeleceu o termo *materia*[3]. Mas, no sentido filosófico, *materia* (ou seu alótropo *materies*) é sobretudo uma palavra lucreciana: aparece desde o v.58 do *DRN* (mais de 70 ocorrências) para designar os elementos primeiros de que a natureza cria as coisas, matéria própria para cada uma delas[4], e matéria universal, matéria eterna[5], matéria geradora[6].

De fato, *materia* é extraído de *mater* = "mãe", mas também de "tronco-mãe" de uma árvore. Assim, segundo Ernout-Meillet, *materia* designa em primeiro lugar a substância do tronco produtor de rebentos e, por extensão, a parte dura da árvore que fornece a madeira de vigamento. Vê-se, pois, interferir nessa palavra duas imagens, a da matriz e a do material de construção. Ao passo que o substantivo ὕλη designa originalmente a floresta cerrada, como o latim *silva* (por vezes escrito *sylva*), que era portanto, *a priori*, mais apropriado à sua tradução. Mas não esqueçamos a analogia aristotélica[7] entre a atração da ὕλη para a forma e o desejo da fêmea para o mal, e também a comparação platônica do "receptáculo", da χώρα, com uma mãe[8]: *materia/-es* sugeria isso muito melhor que *silva*, que só episodicamente fora empregado, sobretudo, no século IV, pelo platônico Calcídio para designar a matéria universal, *materia principalis*, por oposição à matéria de uma coisa em particular[9]. *Materia* passará a ser, portanto, a tradução normal de ὕλη. Segundo Boaventura[10]: "Considerada em si, a *materia* não é nem espiritual, nem corporal; também a capacidade que acompanha a essência da matéria relaciona-se indiferentemente com a forma, seja ela espiritual ou corporal." Para Descartes, *materia* designa a *substantia extensa*[11] exterior ao pensamento.

A terminologia escolástica distingue *materia prima* (= πρώτη ὕλη) e *materia secunda*: a *materia prima* é o "sujeito primeiro" (*primum subjectum*) absolutamente indeterminado, pura possibilidade de ser uma substância, e que não possui nenhum ser próprio; a *materia secunda* é a matéria já constituída, apta a receber determinações acidentais, como o mármore para a estátua[12].

1. Ver *infra s.v.*
2. *De finibus* 1, 5, 18.
3. *Acad. post.* 1, 2, 6; 1, 6, 24; 1, 7, 27-28; *Nat. deor.* 3. 39, 92; em *Acad. prior.* 2, 37, 118, trata-se da χώρα do *Timeu*.
4. 1, 191.
5. *Materies aeterna* 1, 239.
6. *Genitalis... materies* 1, 632 ss.
7. *Phys.* 192a.
8. *Tim.* 50d-51a.
9. Ver *Comm.* c. 316.
10. *In libr.* 2 *Sent.* d.3, p. 1, a.1, q.2, ad 3.
11. *Princ. phil.* 2, 22 = AT 8, p. 52.
12. Ver, por exemplo, Leibniz, *Epist. VIII ad P. Des Bosses* = Dutens, 2, 1 p. 276.

Mens, alma pensante, espírito

Tudo parece muito simples com o enciclopedista Isidoro de Sevilha: "O nome da *mens* vem de que ela é *emin*ente na *anima* ou do que é *reminis*cência (*meminit...*) [...] Tampouco é a *anima*, mas aquilo que ocupa uma posição elevada na *anima*, como sua cabeça ou seu olho, a que se dá o nome de *mens*. [... A *anima*] é *anima* na medida em que vivifica o corpo; na medida em que quer, é *animus*; na medida em que sabe, é *mens*; na medida em que coleciona, é *memória*; na medida em que julga corretamente, é *ratio...*"[1] Simples demais, lamentavelmente, pois se constata que *mens* e *animus* são com freqüência empregadas uma pela outra pelos autores antigos[2], assim como *animus* e *anima*[3]. Mas essa freqüente confusão de palavras não impede que os autores estejam conscientes da função específica da *mens*, parte superior da alma racional; é o caso de santo Agostinho[4], para quem a *mens* é o que diferencia a *anima* do homem da do animal, e o que a vincula à verdade inteligível; e o de Descartes[5], que define a *mens* como uma *substantia, cui inest immediate cogitatio*[6].

1. *Orig.* 11, 1, 12-13.
2. Ver Lucrécio, *DRN* 3, 94.
3. Ver *supra s.v.*
4. *Div. quaest.* 7; *De Trinitate* 12, 1, 1 ss.
5. *2ae Resp.* def. 6 = AT 7, p. 161.
6. Cf. *supra s.v. anima.*

Modus, modo

Eis um termo aparentemente bem comum, muito vago, que se encontra freqüentemente determinado por um gerúndio no genitivo[1], com o significado de "forma de, maneira de": as expressões *modus significandi* = "maneira de significar, modo de significar", *modus supponendi*[2] = "maneira de supor, modo de supor", *modus dicendi, modus intelligendi, modus essendi* etc. são correntes, sobretudo, sob a pena dos filósofos do final do século XIII, os chamados "modistas". Os lógicos, por sua vez, distinguiam diferentes *modi syllogismi*: "O *modus* é a disposição ou forma do silogismo em função ao mesmo tempo da quantidade e da qualidade [das proposições]."[3]

Entretanto, esses empregos muito técnicos não devem fazer esquecer, por um lado, que o termo também é empregado em filosofia geral para designar uma determinação da substância: os *modi* "são algo positivo e afetam por si mesmos as próprias entidades, dando-lhes algo que está fora da essência total"[4]; por outro, que o significado primeiro é o de "medida, justa medida" (= μέτρον), sobretudo num contexto moral e estético (*suus cuique modus est*, "a cada coisa sua medida", lembra Cícero[5]. É um dos termos-chave da ontologia agostiniana: "Nada do que existe, existe sem alguma forma[6]. Ora, onde quer que exista uma forma, há necessariamente uma medida, e a medida é algo bom. Por conseguinte, o mal supremo não tem medida alguma, uma vez que está privado de todo bem. Por conseguinte não existe."[7]

1. Ver *supra s.v. causa essendi.*
2. Ver *infra s.v.*
3. Leibniz, *Diss. de arte combinatoria* 18 = Dutens 2, 1 p. 352.
4. Suarez, *Disp. met.* 7, 1, 17; ver também Descartes, *Princ. phil.* 1, 56 = *supra s.v. attributum*; Espinosa, *Ética* 1, def. 5.

5. *Orator* 21, 73.
6. *Species*: cf. *infra s.v.*
7. *Div. quaest.* 6; cf. *supra s.v. malum.*

Natura, natureza

"Tu poderás até expulsar a *natura* a golpes de forcado; ela voltará sempre correndo."[1]

A tradução do grego φύσις pelo latim *natura* é um desvio de significado caracterizado e característico, como afirmava Heidegger em sua *Introdução à metafísica*?[2] O tratado de Lucrécio *De rerum natura*, seu próprio título, que anuncia que se tratará tanto da natureza das coisas como de sua contínua gênese, nos faz duvidar disso. Em todo caso, A. Pellicer mostrou, há algum tempo, que o substantivo feminino *natura*, derivado do verbo *nasci* – "nascer", consegue exprimir o essencial das significações de φύσις.

Como φύσις, *natura* designa "o que é" uma coisa, seus caracteres próprios, originais – inatos quando se trata de seres vivos: para traduzir οὐσία ou ὑπόστασις na ausência de *essentia* e de *substantia*, Cícero emprega *natura*; assim como para traduzir ποιότης e ἰδιότης emprega freqüentemente *natura* em vez de *qualitas* e de *proprietas*. E, por metonímia, *natura* designará a própria coisa dotada de caracteres próprios, considerada em geral ou em particular. "A *natura* nada mais é", explica santo Agostinho[3], "que aquilo que é compreendido ser alguma coisa em seu gênero." "Há uma *natura* mutável através dos lugares e dos tempos, o corpo. E há uma *natura* de maneira nenhuma mutável através dos lugares, mas somente mutável através dos tempos, a alma. E há uma *natura* imutável tanto através dos lugares como através dos tempos, é Deus."[4] Mas *omnis natura*, "toda natureza", isto é, todo ser criado pela natureza divina, ela mesma incriada e criadora, é boa, seja qual for "sua natureza"[5].

Como φύσις, *natura* designa, por outro lado, a natureza universal, ou seja, a totalidade das coisas existentes que se impõem ou se opõem ao homem: "Aquele que exige viver de acordo com a *natura* [é Catão o Estóico quem fala] deve procurar seu ponto de partida no mundo como um todo e no modo como ele é administrado. Além disso, é impossível formular com segurança um juízo sobre os bens e os males, a menos que se conheça todo o sistema da natureza, *ratio naturae*, assim como a vida dos deuses, a menos que se saiba se existe, sim ou não, harmonia da natureza do homem, *natura hominis*, com a natureza universal."[6] Daí que *natura* acabou por designar a natureza como causa de desenvolvimento imanente às coisas, essa natureza que "cria, faz crescer e nutre todas as coisas" antes de as dissolver[7]. A menos que não seja esse o significado original da palavra!

Citemos, no entanto, a classificação de sentidos proposta por Boécio[8]: 1º. "*Natura* aplica-se às coisas que, visto que elas existem, podem ser apreendidas de alguma maneira pelo intelecto", ou seja, a todas as coisas, acidentes ou substâncias, e mesmo Deus e a matéria. 2º. "É *natura* o que pode agir ou padecer", ou seja, a substância, corpórea ou incorpórea, o corpo e a alma, mas não Deus. 3º. "A *natura* [das substâncias corporais] é o princípio do movimento, segundo si, não por acidente" [cf. Aristóteles[9]]; quer dizer "que uma cama de madeira é necessariamente impelida para baixo, e não é por acidente que isso ocorre assim, pois é precisamente porque ela é de madeira, e portanto feita de terra, que é atraída para baixo pelo peso e pela gravidade, pois não é por ser uma cama que ela é puxada para baixo, mas porque é terra, em outras palavras, porque acontece a essa terra ser uma cama. Daí resulta que chamamos "madeira" o que é tal por natureza [*naturaliter*], e "cama" o que resulta da arte [*artificialiter*]. 4º. "A *natura* é a diferença específica que constitui cada coisa." *Natura est unamquamque rem informans specifica differentia* [cf. Aristóteles[10]].

▪ **Natura naturans / natura naturata:** esta formulação, *per figuram etymologicam*, da oposição entre a natureza criadora e a natureza criada, parece remontar ao Averróis latino; ela será reempregada, sobretudo, por Espinosa[11].

1. Horácio, *Epist.* 1, 10, 24.
2. Col. Tel, pp. 26 s.
3. *De moribus eccl. cath.* 2, 2, 2.
4. *Epis.* 18, 21.
5. Ver *De natura boni* 1, 1; *De Trinitate* 15, 11.
6. Cícero, *De finibus*, 3, 22, 73; trad. fr. Martha.
7. Lucrécio, *DRN* 1, 56 ss.

8. *Contra Eutychen* 1 = PL 64, 1341.
9. *Phys.* 192b.
10. *Phys.* 193a.
11. *Ética* 1, 29 esc.

Nihil, nada

Princípio básico do *De rerum natura* de Lucrécio[1]: *nullam rem e nihilo gigni divinitus umquam*, "nenhuma coisa é jamais engendrada do nada por efeito divino" – repetido[2] sob a forma: *nil posse creari / de nihilo*, "nada pode ser criado de nada". Epicuro dizia[3]: οὐδὲν γίνεται ἐκ τοῦ μὴ ὄντος = nada nasce do não-ente. O pronome *nihil* (= literalmente nem mesmo um *hilo* de fava) é, portanto, o equivalente de *nulla res*, traduz οὐδέν e pode substituir o inusitado *non ens*[4] = *quod non est* = μὴ ὄν.

1. 1, 150.
2. 155 ss.
3. *Carta a Heródoto* 38; cf. Demócrito *ap.* Diog.-L. 9, 44.
4. Ver *supra s.v.*

Notio, notitia, noção, conhecimento

Substantivos femininos formados sobre o particípio passado do verbo *noscere* = "começar a conhecer" (*notus* = conhecido). Cícero os apresenta, um e outro, como equivalentes dos termos gregos ἔννοια ou πρόληψις[1]. Duas observações, no entanto: 1º. o alótropo *notitia* já estava consagrado como termo filosófico por Lucrécio (ver, por exemplo, *DRN* 2[2]: os cegos de nascença sabem reconhecer corpos apenas pelo tato, "do que se pode concluir que nosso espírito [*mens*[3]] pode chegar à noção [*notitia*] de corpo cuja superfície é absolutamente incolor"). 2º. *notio* e *notitia* podem designar quer noções adquiridas pela experiência ou pela reflexão[4], quer noções inatas, impressas pela natureza no espírito do homem[5].

Esses dois sinônimos latinos, que não se corre um grande risco se traduzidos por "noção" ou "conhecimento" – no sentido passivo ou ativo – são reempregados pelos filósofos clássicos, notadamente, Descartes[6] e Leibniz, que os usa expressamente como sinônimo de *cognitio*[7].

▪ **Notiones** [mais raramente **notitiae**] **communes** = κοιναὶ ἔννοιαι (fórmula estóica e euclidiana). Essas "noções comuns" designam quer *praenotiones*[8], quer princípios racionais inatos comuns a todos os homens, evidentes, nos diz Descartes[9], para quem não deixou que seu espírito fosse obscurecido por preconceitos (*praejudicatae opiniones* ou *praejudicia*). Atenção! Descartes emprega ao mesmo tempo o adjetivo para qualificar noções comuns às coisas corporais e às espirituais, ou que servem para unir as naturezas simples[10].

1. Ver *Top.* 6, 31; *Acad. prior.* 2, 10, 30.
2. 745.
3. Cf. *supra s.v.*
4. Ver Cícero, *De finibus* 3, 10, 33.
5. Ver *Tusculanae* 1, 24, 57; *De finibus* 5, 21, 59.
6. Ver *Princ. phil.* 1, 10.
7. Ver *Meditationes de cognitione*... = Duttens 2, 1, pp. 14 ss.
8. Ver *supra s.v. anticipatio.*
9. *Princ. phil.* 1, 50.
10. Ver AT 10, p. 419.

Objectum, objeto

Na antiga língua latina, este particípio passivo neutro do verbo *objicere* = "jogar em face de, diante de" quase não se encontra sob forma substantivada, a não ser no sentido de objeção ou de acusação. *Objectum* intervém na terminologia filosófica apenas no século XIII para designar a coisa com a qual se relaciona uma potência perceptiva, ou volitiva: corresponde *grosso modo* ao particípio grego substantivado ἀντικείμενον, com o qual, em *De anima*[1], Aristóteles designava, no plural, os "objetos" correlatos das diversas faculdades da alma. O *objectum* é ao mesmo tempo a causa que coloca a potência em movimento e seu fim[2], seu *objetivo* – como se dizia, no Segundo Império, sobre a meta a atingir: por exemplo, os corpos são o *obj. material* da vista, e as cores são seu *obj. formal*, Deus é o *obj. material* do amor do homem, sua bondade é seu *obj. formal*.

Nunca se deve perder de vista a etimologia da palavra: certamente, Deus, *objeto* de fé e de desejo, existe em si mesmo e independentemente da fé e do desejo, é o *sujeito* (*sub-iectum*, ὑποκείμενον) absolutamente primeiro, mas, enquanto ob-*jectum*, é definido *em relação* ao homem conhecedor e amante. Assim, deve-se observar que o adjetivo e o advérbio derivados, *objectivus* e *objective*, não têm o sentido que atribuímos hoje às palavras objetivo e objetivamente, mas aplicam-se a uma coisa enquanto *objectum* de uma representação intelectual. Isso pode ser constatado sobretudo em Descartes, que, recorrendo à terminologia escolástica, distingue a *realitas actualis sive formalis* de uma coisa da *realitas objectiva* de sua idéia[3]. Mas já se percebe em Espinosa como a palavra poderá deslizar para seu sentido moderno: "A verdadeira idéia de Pedro é a *essentia objectiva* de Pedro e, em si, alguma coisa real [... e portanto também] alguma coisa inteligível, isto é, *objectum* de outra idéia, a qual terá em si *objetive* tudo o que a idéia de Pedro tem *formaliter* [...] Por isso, é evidente que a certeza não é nada no exterior da própria *essentia objectiva*, a saber, a maneira como sentimos a *essentia formalis* é a própria certeza."[4]

1. 402b, 415a.
2. Ver Tomás de Aquino, *Summ. theol.* 1ª, q.77, a.3, resp.
3. Ver *3.ª Med.* = AT 7, p. 41; cf. *infra s.v. realitas*.
4. *De intellect. emend.*, § 33; trad. fr. Rousset.

Oratio, discurso

Impossível traduzir o jogo de palavras: "O vínculo da sociedade humana", dizia Cícero[1], "é a razão e a oração (*ratio et oratio*)... os animais são sem razão nem oração." Impossível, porque um leitor moderno corre então o risco de entender que nem os asnos nem os leões oram aos deuses, quando o que o filósofo romano afirma é somente que elas não têm λόγος, que são desprovidos tanto da razão como da palavra. Com efeito, o substantivo feminino *oratio*, ao qual o latim cristão atribui o sentido de prece, significa em primeiro lugar o *discurso*, como nos recorda a Philaminte de Molière, ofuscada "por um bárbaro amontoado de vícios de *oração*"[2].

A *oratio* é o *discurso* que forma uma combinação de palavras ou, mais estritamente, a *frase*. Boécio, na esteira de *De interpretatione*[3] de Aristóteles, definiu a *oratio* como "uma voz que possui uma significação (*vox significativa* = φωνὴ σημαντική) convencional e cujas partes têm uma significação fora de [o conjunto]"[4], uma significação como enunciação (*dictio* = φάσις), não como afirmação ou negação[5]. Os gramáticos distinguem oito *partes orationis*, mas os filósofos apenas duas, as que detêm uma significação plena, os nomes – que têm uma significação *sine tempore* – e os verbos – que têm uma significação *cum tempore*[6].

1. *De officiis* 1, 16, 50.
2. *Femmes savantes*, 2, 7.
3. 16b.
4. *In libr. de interpr. ed. pr.* 1 = *PL* 64, 313.
5. *Ibid.* 312.
6. *Intr. ad syllog. categ.* = *ibid.* 766; cf. Quintiliano, *I.O.* 1, 4, 18.

Ordo, ordem

"*Ordo*: disposição de coisas iguais e desiguais atribuindo a cada uma seu lugar."[1]

Na origem, este substantivo masculino designava a *ordem* dos fios na trama de um tecido (cf. "urdir"). Mas o termo *ordo* aplica-se a outras técnicas, particularmente arborícola, militar, naval e arquitetural: é a disposição estudada das plantas num campo, em quincunce, retilínea etc.[2], a dos elementos de um exército no campo de batalha[3], mas também a sobreposição dos remadores de uma trirreme – mais exatamente cada uma das fileiras de remadores constitui um *ordo* em relação aos outros – ou as poltronas dispostas em degraus num teatro. Vê-se, portanto, que o *ordo*, que Cícero[4] considera sinônimo de *collocatio*, e que ele define à maneira estóica como "uma disposição das coisas nos lugares adaptados e apropriados", *compositio rerum aptis et accommodatis locis*, não deve ser forçosamente imaginado verticalmente, seguindo o modelo de uma hierarquia – apesar das conotações do termo numa sociedade romana constituída justamente de *ordines*, de "ordens" (senadores, cavaleiros, plebe) – mas também horizontalmente, ou antes, ao mesmo tempo vertical e horizontal. Estática e dinamicamente: pois *ordo* é também o desenvolvimento da ordem do *fatum*[5]. Santo Agostinho nos mostrou em um de seus primeiros diálogos filosóficos, *De ordine*, que não se pode verdadeiramente perceber o *ordo* de uma alma, de um homem, de uma vida, de uma cidade... sem visão da totalidade (*universitas*) do mundo e dos tempos.

1. Agostinho, *Civ. Dei* 19, 13, 1.
2. Cf. Virgílio, *Georg.* 2, 276 ss.
3. Columelle, *RR* 12, 2.
4. *De officiis* 1, 40, 142.
5. Ver Virgílio, *Aen.* 3, 376; 7, 44; Cícero, *De divinatione* 1, 55, 125.

Passio, paixão

Este substantivo feminino, derivado do verbo *pati* = suportar, sofrer (gr. πάσχειν), só aparece no século II com o médio-platônico Apuleio, que designa a passibilidade da alma e, no plural, suas paixões[1], mas também as perturbações acidentais sofridas pela natureza[2]. Daí em diante, *passio* designará o πάθος, a afecção acidental suportada pelo corpo ou pela alma[3], sobretudo as "paixões" da alma. Atenção! O termo não é necessariamente pejorativo[4].

1. Ver *De deo Socr.* 13, 147.
2. *De mundo* 10, 310; 18, 331.
3. Ver Boécio, *In categ. Arist* 3 = *PL* 64, 248 ss.; cf. Aristóteles, *Cat.* 9b-10a.
4. Ver Tomás de Aquino, *Summ. theol.* 1ª, 2ae, q.24, a.2.

Perceptio, percepção

Do verbo *per-cipere* = literalmente "tomar, apreender através de"[1], Cícero tirou o substantivo feminino *perceptio*, que ele deu para uma das traduções possíveis do grego κατάληψις[2]. Descartes designará por essa palavra toda operação do entendimento – sensação, imaginação ou pura intelecção: a *perceptio* é para o *intellectus* o que a *volitio* (um termo medieval) é para a *voluntas*[3]. Uma *perceptio* não é necessariamente clara, não é necessariamente consciente, afirmará Leibniz contra os cartesianos[4]; também será distinguida da *sensio*[5], ou da *apperceptio*, para retomar a forma latinizada do neologismo "apercepção" utilizado pelo filósofo de Leipzig em sua *Monadologia* (ver a tradução latina de Hansche[6]: *Status transiens, qui involvit, ac repraesentat multitudinem in unitate, seu substantia simplici, non est nisi istud, quod perceptionem appellamus, quam probe distinguere debemus ab* apperceptione, seu conscientia).

1. Ver *infra s.v. repraesentatio*.
2. Ver *Acad. prior.* 2, 6, 17; *supra s.v. comprehensio*.
3. Ver *Princ. phil.* 1, 32.
4. Ver *De anima brutorum* 10 = Duttens 2, 1, p. 232.
5. *Resp. ad Stahl observ.* 5 = Duttens 2, 2, p. 146.
6. § 14 = Dutens 2, 1 p. 21.

Persona, pessoa

"A *persona* é o que existe de mais perfeito em toda a natureza."[1]

Empregado inicialmente para designar a máscara (como o grego πρόσωπον, mas, atenção!, o sentido primeiro da palavra grega é "face, figura") de madeira que o ator usava e que indicava a qualidade e a condição de seu personagem, o substantivo feminino *persona* significou correntemente desde a época ciceroniana, além do papel, o emprego, o personagem, o que hoje chamamos comumente "pessoa", ou seja, um indivíduo determinado, uma *propria natura* por oposição à *universa natura*[2]. Convém a cada um, explica Cícero, agir em conformidade com a *persona* que a natureza lhe atribuiu: assim, o suicídio de Catão, dando-se a morte em Utica para não ver o rosto do tirano César – ato condenável em outros casos –, é louvável porque de acordo com a intransigência de sua *persona*: o sentido parece claro, o da personalidade individual. De fato, Cícero distingue quatro *personae*: não apenas essa personalidade individual, mas a própria natureza do homem, que cria a obrigação de subordinar os apetites à razão e, além disso, o papel que decorre da nossa situação social, assim como aquele que nos impusemos ao decidir sobre uma conduta de vida, sobre uma profissão[3]. Percebe-se, portanto, a ambivalência do termo *persona*, entre a natureza particular e a imagem social – segunda natureza – à qual o indivíduo tem a obrigação de corresponder, e da qual o orador, num processo, poderá "tirar conjecturas" úteis[4]. *Persona* pode até se tornar pejorativo, quando num contexto moral reencontra seu sentido original e se opõe ao rosto autêntico, à *facies*: "não é somente aos homens, é também às coisas [por exemplo, à morte] que se deve tirar a *persona*, a máscara", segundo uma sentença de Sêneca[5] que será lembrada por Montaigne. Hobbes[6] reutilizará essa primeira significação teatral. Entretanto, não é nessa direção "artificialista" que a palavra se desenvolverá principalmente em filosofia. Sua significação essencial será fixada no final da Antiguidade, sob a influência da teologia cristã. Na Bíblia, constata-se com freqüência que Deus se dirige a Deus, que Deus adota diferentes nomes. Isso não prova que Deus é várias *personae*, tanto sentido gramatical (ver Varrão[7]: aquele que fala, aquele a quem, aquele de quem) como no sentido mais corrente: ser individualizado por um nome, ser que fala e age individualmente? O africano Tertuliano baseia-se nesse uso comum e escolar para aplicar o termo *persona* a cada uma das três formas individualizadas que a *substantia* divina assume[8]. Será esse a partir de então o uso da Igreja latina, santo Agostinho concordará com isso, na falta de algo melhor, sem calar suas interrogações: "Por que não chamamos as três *una persona*, bem como uma única essência e um único Deus? Por que *tres personae*, quando não falamos de três Deuses nem de três essências?"[9] Mas é Boécio quem se dedicará a definir rigorosamente a noção, em relação à de *natura*[10], desta vez num contexto cristológico: "Visto que a *persona* não pode existir fora de uma natureza, e visto que as naturezas são ou substâncias ou acidentes, e que vemos que a *persona* não pode ser colocada entre os acidentes – quem, com efeito, poderia afirmar que há uma *persona* da brancura, da escuridão ou da grandeza? – resta, por conseqüência, que a *persona* só se refere propriamente a substâncias. [... Mas que tipo de *substantia*?] É claro que não se pode dizer *persona* nem corpos inanimados – pois ninguém diz que existe uma pessoa da pedra – nem dos seres vivos privados de sensibilidade, já que tampouco existe uma pessoa da árvore, nem do que não possui, enfim, nem intelecto nem razão, pois não há nenhuma pessoa do cavalo ou do boi, nem dos outros animais que, privados da linguagem ou da razão, vivem submetidos unicamente aos sentidos; mas dizemos que há uma *persona* do homem, nós o dizemos de Deus, nós o dizemos do anjo. [... *Substantia* universal ou particular? A *persona* só pode ser atribuída aos singulares] porque não há *persona* do homem considerado como animal ou como gênero, mas somente de Cícero, de Platão ou de indivíduos particulares. [... Portanto] a *persona* é uma substância individual de natureza racional, *naturae rationalis individua substantia*."[11]

Definição freqüentemente repetida, apoiada, por vezes, na Idade Média, na fantasia etimológica *persona* = *per se una* ("uma por si mesma"; ver Boaventura[12], mas rivalizando a partir do século XII com a de Ricardo de Saint Victor[13]: "A *persona* é a existência incomunicável de uma natureza intelectual", *intellectualis naturae incommunicabilis existentia*. A partir daí, pôde se constituir a definição "moderna" da *persona*, como "núcleo ontológico distinto", para retomar uma fórmula gilsoniana que possui uma *dignitas*[14] e o domínio de seus atos[15].

1. Santo Tomás, *Summ. theol.* 1ª q.29, a.3. resp.
2. Cícero, *De officiis* 1, 31, 110.
3. 1, 30, 107 ss.
4. *De inventione* 2, 9, 29 ss.
5. *Epist.* 24, 12.
6. *De homine* 15
7. *LL* 8, 20.
8. Ver *Adversus Praxean* 12, 6.
9. *De Trinitate* 7, 6, 11.
10. Ver *supra s.v.*
11. *Contra Eutychen* 2-3 = *PL* 64, 1342 ss.; trad. fr. H. Merle.
12. *In libr. I Sent.* d.23, a.1, q.1 concl.
13. *De Trinitate* 4, 22 = *PL* 196, 945.
14. Ver Boaventura, *In libr. 2 Sent.* d.3, p. 1, a.2, q.3.
15. *Dominium sui actus*, Tomás de Aquino, *Summ. theol.* 1ª, q.29, a.1, resp.

Philosophia, filosofia

Os latinos empregaram muito cedo a palavra grega φιλοσοφία, tal qual ou transliterada. Ver Cícero[1]: "A φιλοσοφία não é outra coisa, se se quiser traduzi-la, senão o *studium sapientiae*" [cf. *De inventione*[2]: "o *studium* é uma ocupação assídua da alma que se aplica com ardor a alguma coisa tendo nisso um grande prazer"]. Sêneca[3]: "A sabedoria, *sapientia*, é o bem perfeito do espírito humano, a *philosophia* é o amor e a aspiração à sabedoria." Desde o fim do século III, encontra-se também as palavras *philosophus* = o filósofo e *philosophari* = filosofar e nem sempre com um sentido favorável: "E agora ele filosofa, não lhe bastasse mentir", diz um escravo de Plauto[4].

1. *De officiis* 2, 2, 5.
2. 2, 25, 36.
3. *Epist.* 89, 4.
4. *Captifs*, 284.

Possibilis, possível

Cícero empregava a expressão *quod fieri (non) potest* [literalmente "o que (não) se pode fazer"]. O adjetivo *possibilis* (< *posse* = poder), decalque do grego δυνατός, só aparece um século mais tarde. Sobre as diferentes definições do *possível*, ver Boécio[1].

1. *In libr. de interpr. ed. sec.* = *PL* 64, c. 510, 598, 611.

Potentia / Potestas, potência

Estes dois substantivos femininos, derivados mais ou menos diretamente do verbo *posse* (ver palavra precedente), por certo nem sempre são intercambiáveis; por exemplo em algumas passagens da *Ética*, Espinosa recusa a idéia estóico-cartesiana de uma *potestas*, de um poder autoritário da vontade humana sobre as paixões, para afirmar a *potentia*, a potência do espírito humano, isto é, sua inteligência e sua liberdade. Tal distinção será manipulada, porém, com muita precaução: de um lado, ela não é constante; de outro, em latim clássico, é ao contrário *potentia* que adquire, com freqüência, o sentido pejorativo de poder absoluto, tirânico, por oposição a *potestas*, o poder fundado no direito.

Em filosofia geral pode-se considerar essas duas palavras equivalentes: elas significam, como o grego δύναμις, a possibilidade de existir, a potência de vir a ser alguma coisa, a potência de fazer alguma coisa[1]. Ver *supra s.v. actus*.

1. Ver Boécio, *In Isag. Porph. ed. prim.* 2, 4; Calcídio *In Tim. Comm.* c. 354.

Praedicabile / -mentum / -re / -tum, predicável

O verbo *praedicare*, que classicamente significava *proclamar*, é empregado a partir do século IV no passivo para traduzir o grego κατηγορεῖσθαι. Ver Mário Vitorino[1]; Boécio: "Quando uma coisa se predica, *praedicatur*, de outra como de um sujeito [por exemplo 'homem' de um 'homem em particular', *quidam homo*], tudo o que se diz [por exemplo 'animal'] acerca daquele que se predica, *quod praedicatur* [Aristóteles[2] = τὸ κατηγορούμενον] também se diz do sujeito" (*In categ. Arist.*[3]). Ora, sublinha Boécio um pouco mais adiante, só se diz "predicar-se do sujeito" *praedicare de subjecto*, aquilo que faz parte da substância e da definição de uma coisa.

O adjetivo substantivado no neutro *praedicabile* constitui um neologismo escolástico. Em sua *Isagoge*, Porfírio distinguia dois tipos de κατηγορούμενα (*quae praedicantur*, Boécio; *quae dicuntur*, Vitoriano): aqueles que se dizem de um só e aqueles que se dizem de vários[4]. Têm em comum predicar-se de vários, *de pluribus praedicare*: 1º. o gênero 2º. a diferença 3º. a espécie 4º. o próprio 5º. o acidente[5]. Esses são os *praedicabilia*, que se distinguirá, portanto, dos *praedicata*, dos quais são classes. Entretanto, seria mais rigoroso precisar *praedicabilia universalia*, pois "o que se predica de um só" também é um *praedicabile*[6].

O particípio neutro substantivado *praedicatum*, que corresponde ao κατηγορούμενον do *Organon*[7] ou ao κατηγόρημα[8], designa o "predicado", o que é dito de um *subjectum*[9]. Não confundir com o substantivo neutro *praedicamentum*, que é usado para traduzir κατηγορία no sentido do *Organon* = gênero supremo do ser (substância, qualidade, quantidade, relação etc.).

1. *In Isag. Porph.* § 9 (= Brandt, p. 51).
2. *Cat.* 3.
3. 1 = *PL* 64, 175.
4. 1, 6.
5. 6, 1.
6. Ver Guilherme de Ockham, *Expos. in libr. Porph. de praedicab.* c. 1, 6.
7. Ver *Cat.* 1b; *Analyt. prior.* 24b; *Analyt. post.* 83a.
8. Ver *Interpr.* 20b.
9. Ver *infra s.v.*

Probabilis, provável

Cícero reutilizou o adjetivo *probabilis*, que designava, na terminologia retórica, o que é plausível, o que ocorre habitualmente ou é admitido na opinião, para traduzir πιθανός, pelo que Carnéades qualificava as representações críveis. Uma representação é *probabilis*, digna de ser aprovada, quando foi provado seu valor aprovando-a por um exame rigoroso. "Seria contra natureza que nada existisse de provável (*probabile*): a conseqüência disso seria uma perturbação total da vida."[1]

1. Cícero, *Acad. prior.* 2, 31, 99.

Propositio, proposição

Este substantivo feminino (de *pro-ponere* = "colocar diante, apresentar") oferece, em latim antigo, vários sentidos interessantes para o filósofo. É o *fim* que o espírito se representa (cf. Cícero[1]: "A grandeza da alma é a concepção e a execução de coisas grandes e elevadas com, por assim dizer, pretensões, *propositio*, plenas de amplitude e brilho"), é a *tese* que o orador propõe demonstrar (= πρόθεσις; cf. Quintiliano[2]) e mais amplamente toda *questão proposta* à controvérsia e que se trata de resolver (= πρόβλημα; cf. Agostinho[3]), é também o *termo maior* de um silogismo[4], é todo "discurso[5] que afirma ou nega alguma coisa de outra coisa[6], "que significa o verdadeiro ou o falso"[7], ou seja, o que Aristóteles chamava πρότασις[8] e λόγος ἀποφαντικός[9]. Assinale-se, porém, que para designar mais propriamente o λόγος ἀποφαντικός, o discurso no qual reside o verdadeiro e o falso, até mesmo fora do quadro silogístico e demonstrativo, Boécio usa o substantivo feminino *enuntiatio* (< *nuntiare*, "anunciar, declarar") ou a perífrase *oratio enuntiabilis*[10]. O mesmo farão os medievais, ao manter a sinonímia *propositio* = *enuntiatio*[11].

1. *De inventione* 2, 54, 163.
2. *I.O.* 3, 9, 2.
3. *Enarr. in ps.* 77, 1.
4. Cf. *infra s.v. syllogismus*.
5. Cf. *supra s.v. oratio*.
6. Cf. Boécio, *Prior. analyt. interpr.* 1, 1 = PL 64, 639.
7. *De diff. top.* 1 = ibid. 1174.
8. *Analyt. prior.* 24a.
9. *Interpr.* 17a.
10. Ver *In libr. de interpr. ed. pr.* 1 = PL 64, 295.
11. Ver Guilherme de Ockham, *Exp. in libr. Periherm.* 1, 4, 1.

Pulcher, pulchritudo, belo, beleza

Este adjetivo e este substantivo clássicos significam a beleza, sensível ou inteligível. Para enfatizar a forma, ou o brilho, ou a harmonia que fazem essa beleza, serão substituídos, respectivamente, pelas palavras *formosus / forma, speciosus / species, decorus / decor.*

Qualitas, qualidade

Substantivo feminino formado por Cícero[1] sobre o pronome-adjetivo *qualis*, que pode ser interrogativo (= ποῖος), relativo (= οἷος) ou indefinido (= ποιός; ver Sêneca[2]: "Qualquer coisa deve, em primeiro lugar, ser, *esse*, antes de ser tal coisa, *quale esse*") para traduzir o grego ποιότης, a terceira das categorias aristotélicas: *qualitas est secundum quam quales quidam dicuntur,*"a *qualitas* é aquilo segundo o que se diz de indivíduos determinados serem tal como são"[3]. Mas essas maneiras de ser que caracterizam uma coisa podem ser ou propriedades substanciais, inseparáveis da coisa, ou atributos superficiais, separáveis.

1. Ver *Acad. post.* 1, 7, 25; *Nat. deor.* 2, 37, 94.
2. *Epist.* 117, 28.
3. Boécio, *In categ. Arist* 3 = *PL* 64, 240.

Quantitas, quantidade

Substantivo feminino que traduz o grego ποσότης: "A *quantitas* é aquilo segundo o que se diz o igual e o desigual."[1] Sobre a distinção *quant. discreta* [= que se compõe de partes separadas,"dis-cerníveis", como o número] / *quant. continua,* ver Boécio[2].

1. Boécio, *In Isag. Porph. ed. sec.* 1, 7 = Brandt, p. 153.
2. *In Categ. Arist.* 2 = *PL* 64, 201.

Quid, quid(d)itas

O pronome neutro indefinido[1] ou interrogativo *quid* corresponde ao grego τι ou τί. Atenção! A expressão *esse quid* pode significar "ser alguma coisa e não alguma outra coisa" ou "ser alguma coisa e não nada". Ver Sêneca[2].

O substantivo feminino derivado *quidditas* designa a essência de uma coisa, expressa em sua *definitio*[3], em resposta à pergunta *quid sit*[4]. Esse neologismo aparece no Avicena Latino[5] e suplantará o decalque aristotélico *quod quid erat esse*[6].

1. Ver *supra s.v. aliquid.*
2. *Epist.* 58, 15.
3. Ver *supra s.v.*
4. Ver *supra s.v. anitas.*
5. Ver *Lib. de philos. prima* 5, 5.
6. Ver *infra s.v.*

Quod est, aquele que é

Esta perífrase senequiana[1] traduz τὸ ὄν, o *ente*. Ela apresenta a vantagem, em relação a *ens*[2], de fornecer, graças ao pronome relativo (*quod* = *id quod* = aquele que), um substituto do artigo definido grego. Boécio, que emprega sempre *ens* em seus comentários sobre Porfírio, o substitui sistematicamente por *quod est* em seus opúsculos teológicos: ver *De hebdomadibus*[3] sobre a diferença entre *esse*, o ser, "que não é ainda", e *quod est*, o que é, "que é depois de ter recebido forma de ser"[4].

1. *Epist.* 58, 5.
2. Ver *s.v. supra.*
3. = *PL* 64, 1311.
4. Ver *supra s.v. esse.*

Quod quid erat esse

Esta fórmula copia exatamente a perífrase aristotélica τὸ τί ἦν εἶναι. "Como o porquê de uma coisa ser estabelecida em seu gênero ou espécie é aquilo que é significado pela definição que exprime o que a coisa é, os filósofos substituiram o nome de essência pelo de qüididade; e é também o que o Filósofo chama freqüentemente o *quod quid erat esse*, ou seja, aquilo mediante o qual alguma coisa tem de ser <um> alguma coisa."[1]

1. Tomás de Aquino, *De ente et essentia*, 1, 3.

Ratio, razão

"É preciso, portanto, aplicar-se com todas as forças do raciocínio em saber o que é a razão [...] A *ratio* é o olhar da alma... ou a própria contemplação do verdadeiro... ou o próprio verdadeiro que é contemplado."[1]

Concreto na origem, visto que designava a *conta*, a conta que o escravo mantinha com seu dono num "livro-razão", as contas de uma sociedade de comércio e, por metonímia, os "negócios" (*ratio*, derivado do verbo *reor* = "eu conto, eu calculo", alitera freqüentemente com *res*[2]), esse substantivo feminino é, desde Cícero, um termo importante da filosofia.

Assim como o grego λόγος, *ratio* designa a faculdade de pensar que distingue o animal humano da besta selvagem: esta última "movimenta-se à medida que seus sentidos a movem e se adapta somente ao que lhe é apresentado no espaço e no tempo, visto que possui um sentido muito escasso de passado ou de futuro. O homem, pelo contrário, por participar da razão (*ratio*), graças a ela discerne os encadeamentos, percebe as causas das coisas; seus preâmbulos e, por assim dizer, seus antecedentes não lhe escapam, ele aproxima as analogias; liga e relaciona as coisas presentes às coisas futuras, o que lhe permite abranger facilmente em sua visão o curso de toda a vida e prever o que é necessário para a levar"[3]. A *ratio* opõe-se ao apetite[4], ela se opõe à cólera e ao desejo[5], porque julga precisamente; "é da natureza da *ratio*", dirá Espinosa[6], "perceber as coisas de maneira verdadeira".

Mas, na esteira de santo Agostinho, distinguem-se duas funções dessa *ratio* segundo sua orientação para a ação sobre o corporal e o temporal, ou para a contemplação da verdade inteligível e imutável[7]. Sob sua forma de *ratio superior*, ela é freqüentemente assimilada ao *intellectus*[8]. Entretanto, designa na maioria das vezes uma faculdade discursiva, a faculdade de "discernir e ligar" objetos, segundo a fórmula de santo Agostinho (*discernere et conectere* = διαιρεῖν + συμπλέκειν[9]), a faculdade de encadear idéias e proposições, a faculdade de compreender o encadeamento das verdades, a *catena veritatum*, que constitui a *ratio* do universo, para retomar uma imagem leibniziana[10].

Com efeito, assim como seu correspondente grego λόγος, o latim *ratio* é um termo com dois lados, que significa tanto inteligência quanto princípio de inteligibilidade, razão argumentativa e razão de ser. *Ratio* pode designar a causa[11], a causa eficiente (quando é muitas vezes associada a *causa*, ver Tomás de Aquino[12]) ou a causa final (ver *Summ. theol.*[13]: *tota ratio volendi est finis*), mas, com mais freqüência, a causa formal de uma coisa[14], sua definição[15] e, mais particularmente, a forma de uma coisa como objeto de intelecção: "Uma vez informado pela espécie da coisa, o intelecto, ao pensar, forma em si mesmo certa intenção[16] da coisa pensada, que é sua noção, *ratio*, significada por sua definição."[17]

E as *rationes* inteligíveis existem na Inteligência divina a título de idéias exemplares: é esse termo que santo Agostinho emprega com mais freqüência para designar as Idéias, no sentido platônico, de preferência a *forma* ou a *species* (ver principalmente seu comentário *De Genesi ad litteram*). Por que privilegia *ratio*, que ele próprio reconhecia na célebre *Quaestio "De ideis"*[18] como uma tradução imprópria do grego ἰδέα? Nem *formae* nem *species* exprimiam em si mesmas a relação das Idéias com o Intelecto divino e sua natureza propriamente "inteligível"; pelo contrário, a palavra *rationes* designa implicitamente as Idéias como as "razões" da Sabedoria divina que enumera o universo e, além disso, a homonímia entre as razões-Idéias (*rationes in Deo*) e as razões causais (*rationes in creatura*)[19] permite expressar a continuidade entre os arquétipos primeiros e as leis segundas que regem o ser e o devir das coisas criadas. Enfim, a homonímia entre as *rationes divinae* e a *ratio humana* sugere a conexão desta com aquelas: a alma racional julga segundo os paradigmas divinos cuja imagem está impressa nela[20].

Mas atenção: estamos assim mesmo longe de ter esgotado a polissemia da palavra e, com freqüência, o tradutor perplexo deverá lembrar-se da variedade das perífrases ciceronianas, em que *ratio* determinado por um genitivo significa o método conduzido pela razão (por exemplo o método socrático de discutir contra tudo, *ratio contra omnia disserendi*[21]); ou o sistema, a teoria desenvolvidos pela razão (assim se falará da *Platonis ratio* ou da *Epicuri ratio*). Por fim, não esquecer que, no domínio lógico, *ratio* designa mais particularmente ou o argumento (ver *Tópica 2*: "o argumento é uma *ratio* que dá confiança numa coisa duvidosa"), ou a argumentação, a demonstração (ver *De finibus*²²: os peripatéticos tiram com freqüência conclusões rigorosas *necessaria mathematicorum ratione*).

■ **Rationes causales / seminales:** ver *supra s.v. causalitas*. **Rationalis** (adj.): razoável, racional = λογικός; *rationale* (adj. n. subst.) por oposição a *irascibile* e *concupiscibile*, designa a parte racional da alma = τὸ λογικόν²³; *philosophia rationalis* = a lógica, por oposição à *phil. naturalis* = a física, e *phil. moralis* = a ética²⁴. **Rationabilis** (adj.): "Chama-se *rationalis* o que usa ou pode usar a razão, *rationabilis*, o que se faz ou se diz com razão"²⁵; mas essa distinção nem sempre é observada. **Ratiocinatio** (subst. f.): movimento discursivo da *ratio*²⁶; ver *infra s.v. syllogismus*.

1. Agostinho, *Immort. an.* 6, 10.
2. Cf. *infra s.v.*
3. Cícero, *De officiis*, 1, 4, 11.
4. *Ibid.*, 28, 101 e 36, 132; ver *supra s.v. appetitus*.
5. *Acad. prior.* 2, 39, 124; *Tusculanae* 1, 10, 20; ver *supra s.v. ira* e *cupiditas*.
6. *Ética* 2, pr. 44, dem.
7. Ver *De Trinitate* 12, 3, 3 ss.; Tomás de Aquino, *Summ. theol.* 1ª, q.79. a.9.
8. Ver *supra s.v.*
9. *De ordine* 2, 18, 48.
10. Ver *Dissert. de conform. fidei cum ratione* 1 = Dutens 1, p. 64.
11. Ver *supra s.v. causa*.
12. *De potentia* q.10, a.2, obj. 19.
13. 1ª, q.19, a.2, ad. 2.
14. Ver *De anima* 2, c. 3.
15. Ver Boécio, *In libr. arist. de interpr. ed. prim.* 1 = *PL* 64, 314.
16. Ver *supra s.v. intentio*.
17. Tomás de Aquino, *C. Gentiles* 1, 53, 3; trad. fr. Michon.
18. *Div. quaest.* 46, 2.
19. Cf. *supra s.v.* causalitas.
20. Ver *De libero arbitrio* 3, 5, 13.
21. *De nat. deor.* 1, 5, 11.
22. 5, 4, 10.
23. Ver Boécio, *Topic. Arist. int.* 4, 5.
24. Ver Sêneca, *Epist.* 89.
25. Agostinho, *De ordine* 2, 11, 31.
26. Agostinho, *De quant. anim.* 27, 53.

Relativus, relativo

Esse adjetivo, que traduz o πρός τι de Aristóteles¹, aparece na língua filosófica latina com Boécio²: *ea esse relativa, quaecumque hoc ipsum quod sunt aliorum dicuntur*, "são relativas as coisas que são ditas o que elas são em relação a outras". Segundo Boécio, não há diferença entre as coisas que dizemos *relativa* e as que dizemos *ad aliquid*: "Pois diz-se *ad aliquid* o que, nada sendo por si mesmo, é constituído por sua relação com outra coisa (*relatum ad aliud*); por exemplo, o patrão, se vier a faltar aquilo em relação ao qual ele é assim chamado, a saber, o criado, deixa de o ser."³

De fato, o πρός τι aristotélico foi traduzido pelo decalque *ad aliquid*, sobretudo nas *Categoriae decem*, essa paráfrase atribuída por muito tempo a santo Agostinho, composta entre 350 e 380: "Damos o nome de *ad aliquid* à coisa que é dita o que ela é em função de outra, sem a associação da qual ela não pode ser."⁴

1. *Categ.* 6a.
2. *In categ. Arist.* 2 = *PL* 64, 217.
3. *Ibid.*
4. C. 11.

Repraesentatio, representação

Este substantivo feminino, que se empregou inicialmente, em latim antigo, no domínio bancário, para designar um pagamento em dinheiro vivo, tornou-se na terminologia retórica um sinônimo de *evidentia*¹: o fato de colocar uma coisa sob os olhos do espírito, de a tornar presente. Tertuliano, no início do século III, será o primeiro a fazer grande uso desse nome, assim como do verbo *repraesentare*, ambíguo, visto que significa ou representar de maneira figurativa, em imagem, pela imitação, pela imaginação, ou tornar efetivamente presente uma realidade. Essa ambigüidade será constante entre sinal *que ocupa o lugar* da coisa e *presença real* (o prefixo de *re-praesentatio* remete inconscientemente para o ablativo de *res*²: "Como Leibniz viu com bastante clareza, o *percipere*, enquanto *appetitus*, avança para o ente e o apreende, para o trazer a si no conceito, por uma apreensão que transpassa, e para relacionar sua presença (*repraesentare*) com o *percipere*. A *repraesentatio*, a *Vorstellung*, determina-se como o que, ao perceber, relaciona a si (ao eu) o que aparece."³

1. Ver Quintiliano, *I.O.* 8, 3, 61; cf. *supra s.v.*
2. Ver *infra s.v.*
3. Heidegger, *Essais et conférences*, trad. fr. de Préau, p. 283.

Res, coisa

"Não convém ao sábio ser um operário de palavras, mas um investigador de *res*."[1]
"Tudo o que não implica contradição é uma *res*."[2]

Coisa curiosa, a palavra *res*. Esse substantivo feminino arcaico serve para dizer tudo e seja o que for, como o francês "chose" que, no entanto, não deriva dele, mas de seu concorrente *causa*. Em francês, *res* só subsiste praticamente em "rien"*. Em latim, *res* designa o que não é nada e, em primeiro lugar, o que se possui: *habere rem* é "ter bens". A palavra, apesar de sua brevidade, extrairá dessa origem sua consistência e sua solidez. *Res* designará sempre uma realidade, seja ela invisível ou incorpórea.

Esse aspecto concreto aproxima o latim *res* do grego πρᾶγμα, "aquilo com que se negocia no comércio que instaura a preocupação (πρᾶξις)", repetindo a definição de Heidegger[3]. E, de fato, *res* cobrirá os diversos sentidos de πρᾶγμα. Em primeiro lugar, o fato em questão numa controvérsia jurídica: pois esta versa quer sobre um fato, quer sobre palavras; "sobre a *res*", escreve Cícero[4], "a respeito de sua veracidade, ou de sua retidão, ou de sua denominação; sobre as palavras, a respeito ou de sua ambigüidade ou de sua contradição; com efeito, quando outro parece ser o que é no pensamento, outro o que é nas palavras, ocorre um tipo de ambigüidade [...] duas *res* significadas". Para retomar um exemplo clássico, o de Teucros ao descobrir o cadáver de seu irmão Ájax e, perto dele, Ulisses, o inimigo jurado de Ájax, com uma espada ensangüentada na mão. Trata-se, primeiro, de estabelecer se a coisa efetivamente aconteceu, se é um suicídio ou um homicídio, e se o homicídio é legítimo ou não. Se a *res* não aconteceu, nem por isso deixa de ser, ainda que fictícia, uma *res*; ela conserva uma realidade no discurso, é aquilo sobre o que discutem juízes e orador. Vê-se como o termo pôde designar, para além do quadro jurídico, todo o assunto em questão, todo o problema debatido: daí procedem as expressões clássicas *rem proponere*, "propor um assunto de discussão", e *ad rem redire*, "voltar ao assunto".

Por outro lado, pôde-se observar na citação de Cícero uma oposição corrente, a das *res* e dos *verba*; ela muda de sentido segundo os contextos. Designa muitas vezes o fundo, o que resulta da *inventio*, em relação à forma, o que resulta da *elocutio*[5], o que existe realmente em relação ao que não passa de palavras vãs (cf. o grego ἔργῳ / λόγῳ). Mas ela corresponde também à distinção lingüística entre a palavra e seu sentido (*res* / *verbum* // πρᾶγμα / ὄνομα) e, particularmente, entre a palavra e seu significado, ou entre a palavra e seu referente – ocorrem, por vezes, flutuações. "O poder da palavra, ou seja, o significado latente no som nos é apresentada pelo conhecimento da coisa que ela significa (*re ipsa quae significatur cognita*), mas não a coisa através dessa significação."[6]

E as *res*, das quais as palavras são os sinais, são tão sensíveis quanto inteligíveis: Roma, a virtude... O que não é uma *res*? O próprio Deus é uma, *una quaedam summa res*, "por assim dizer a coisa única e suprema", enuncia Agostinho[7], certamente com esta restrição: "desde, porém, se, todavia, é uma coisa e não a *causa* de todas as *coisas*". Em outras palavras, a *coisa acima das coisas*. Isso pode parecer incongruente aos ouvidos modernos, habituados a entender *coisa* no sentido da realidade material e não viva, mas *res* pode designar tanto o animado quanto o inanimado, como já se vê em Lucrécio ou em Cícero – as *res*, divinas e humanas, suas origens e suas causas, são todas objetos possíveis da investigação filosófica e, mais amplamente, do conhecimento. A *res*, dirá santo Tomás na esteira de Avicena, é o *ens*, na medida em que possui uma qüididade, percebida pelo sujeito pensante[8] ou considerada fora dele[9].

A formulação de Descartes[10], quatro séculos mais tarde, não poderia, portanto, causar surpresa: *Sum igitur praecise tantum res cogitans, id est, mens, sive animus, sive intellectus sive ratio [...] sum autem res vera, et vere existens; sed qualis res? Dixi, cogitans.* "Sou uma coisa pensante..." Estamos aqui longe da velha distinção jurídica romana entre a *res*, a coisa, que não se pertence e não é sujeito de nenhum direito, e a pessoa, que se pertence, pode possuir coisas e ter direitos. A palavra *res* torna-se muitas vezes um sinônimo cômodo de *substantia*, no sentido de ser individualmente existente.

Propomos, à guisa de recapitulação, a definição muito completa de Boaventura:"*Res* recebe três acepções. *Res* entendida no sentido geral, vem de *reor* (= eu penso) e abrange tudo o que se apresenta ao conhecimento, quer a coisa exista no exterior ou somente na opinião. Mas, tomada no sentido próprio, *res* vem de *ratus, a, um*, na medida em que se diz *ratum esse* (= ser assegurado) a respeito do que não está apenas no conhecimento mas também na natureza das coisas (*in rerum natura*), quer seja um ente (*ens*) em si mesmo ou em outro; e, segundo este modo, a *res* pode se converter em ente. Segundo um terceiro modo, e tomado no sentido mais próprio, *res* vem de *ratus, a, um*, na medida em que *ratum* designa um ente fixo por si mesmo; e neste sentido *res* só se refere a criaturas e substâncias que existem por si mesmas."[11]

■ **Realis** (adj.): na origem, um termo da retórica judiciária. A *constitutio realis* (sin. de *status conjecturalis*) designa um dos "estados de causa", ou seja, uma das três ou quatro posições que um orador pode adotar para abordar o fato que é objeto de controvérsia, um dos principais pontos sobre o qual ele pode encaminhar o debate[12]; no caso da *c. realis*, a questão em jogo é: a coisa, a *res*, de que se trata foi cometida ou não?[13] Na filosofia escolástica, encontra-se a oposição *ens reale / ens rationale* (= o que existe fora do intelecto / o que só existe no intelecto[14]). No século XII, quando eclode a querela dos Universais, o epíteto *reales* designa, por oposição aos *nominales*, aqueles para quem os gêneros são coisas e para quem existe alguma coisa fora do particular. **Realiter** (adv.): "Tudo o que é distinguido *realiter* constitui várias *res*."[15] **Realitas** (subst. f.): "Na medida em que as idéias [que tenho em mim] são apenas certas maneiras de pensar, não reconheço entre elas nenhuma desigualdade e todas parecem proceder de mim da mesma forma; mas na medida em que uma representa uma coisa (*res*), outra coisa, é evidente que são muito diversas entre elas. Pois, sem dúvida alguma, as que me representam substâncias são algo a mais e, por assim dizer, contêm em si mais *realitas* objetiva do que aquelas que representam somente modos ou acidentes; e ainda aquela pela qual eu concebo um deus soberano, eterno, infinito, onisciente, onipotente e criador de todas as coisas (*res*) que estão fora dele, essa possui seguramente mais *realitas* objetiva do que aquelas pelas quais as substâncias finitas me são representadas."[16] "Quanto mais um ente pensante pode pensar de objetos, mais concebemos que ele contém *realitas*, ou seja, perfeição."[17]

1. Cícero, *ap.* Agostinho, *Contra Academicos*, 2, 11, 26.
2. Heidegger, *Traité des catégories*...1, c.1.
* "Chose" e "rien", respectivamente "coisa" e "nada" em português. (N. do T.)
3. *Être et temps*, § 15; trad. fr. Vezin.
4. *Orator*, 34, 121.
5. Ver Agostinho, *Contra Academicos*, 2, 11, 25 ss.
6. Agostinho, *De magistro*, 10, 34.
7. *De doctrina christiana*, 1, 5, 5.
8. Cf. ingl. *Thing* e alem. *Ding*.
9. *In libr. 1 Sent*. d.25, q.1, a.4.
10. *2ª Med*. = AT 7, p. 27.
11. *In libr. 2 Sent*. d.37, dub.1.
12. Ver Cícero, *De invention e*, 1, 8, 10.
13. Ver Mário Vitoriano, *in Cic. rhet.* 1, 8.
14. Ver Descartes, *1ª Resp.* = AT 7, p. 102.
15. Tomás de Aquino, *In libr. 1 Sent*. d.25, q.1, a.4.
16. Descartes, *3ª Med*. = AT 7, p. 41; cf. *2ª Resp.*, def. 3; axioma 6: *sunt diversi gradus realitatis, sive entitatis*.
17. Espinosa, *Ética* 2, prop. 1, esc.; ver def. 6 *Per realitatem, et perfectionem idem intelligo*.

Sapiens, sapientia, sábio, sabedoria

"Não pensamos que a *sapientia* seja semelhante à navegação ou à medicina; mas antes à interpretação do ator [...] e à dança, no sentido de que é nela mesma que reside seu fim, e de que ela não a busca no exterior: a realização de sua arte."[1]

Se nos desesperamos em incutir em nossos filhos o gosto pela sabedoria, o que com freqüência os aborrece muito, devemos falar antes da *sapientia*: o nome latino, derivado do verbo *sápere* = "possuir sabor de", é mais cantante, mais atraente e menos desluzido. Podemos citar também a frase de Cícero em epígrafe: a *sapientia* é um jogo, não é *usada* para nenhum outro fim que não seja ela própria, é *fruída* (para retomar a importante distinção agostiniana *uti-frui*[2]) ou, pelo menos, deseja-se a sua fruição, como o jovem Agostinho empolgado pela leitura do *Hortensius*[3]. Pois, a crer em certos Antigos, não se trata de uma beleza pandêmica, ela raramente se manifesta, tão raramente que aquele que a possui, o *sapiens*, é tão raro quanto a fênix: Hércules, Sócrates, quem mais verdadeiramente? Quem então, se o *sapiens* é aquele que logrou, apenas por sua *virtus*[4], igualar-se aos deuses — sereno, livre e "transcendendo"[5] as coisas?

Mas nada de fundamentalismo! A palavra *sapientia* significa, por certo, algo sublime, a "ciência das coisas divinas e humanas", assim como das causas em que essas coisas estão contidas", para retomar a definição de Cícero[6], mas ela é colocada à prova em face das circunstâncias. Não é Ulisses uma figura forte, ele que soube aliar a coragem tenaz, a previsão e o conhecimento dos comportamentos humanos?[7] Essa sabedoria, filha de *Usus* (experiência) e de *Memoria*[8] é próxima da *prudentia*, mesmo que essas duas virtudes sejam teoricamente diferenciadas, assim como a σοφία é oposta a φρόνησις, "ciência das coisas a procurar e das coisas a evitar"[9].

1. Cícero, *De finibus* 4, 7, 24.
2. Cf. *infra*.
3. Ver *Conf.* 3, 4, 7-8.
4. Ver *infra s.v.*
5. Cf. *infra s.v. transcendentia*.
6. *De officiis* 2, 2, 5; cf. *Tusc.* 4, 26, 57; 5, 3, 7.
7. Ver Horácio, *Epist.* 1, 2, 17 ss.
8. Ver Aulo Gélio, *N.A.* 13, 8.
9. *De officiis* 1, 43, 153.

Sensus, sentidos

Assim como o grego αἰσθάνεσθαι, o verbo *sentire* significa "sentir", quer pelos sentidos, quer pelo espírito. Há que estar atento, portanto, à polissemia do substantivo masculino derivado, *sensus* = αἴσθησις, que designará ora os sentidos ou a sensibilidade ou a sensação, ora o sentimento, ora a faculdade de pensar, de compreender o pensamento, ora a frase que exprime o pensamento ou seu sentido. A expressão *sensus communis* é uma armadilha, pois pode designar 1º a κοινὴ αἴσθησις de Aristóteles, princípio unificador e judicativo dos dados dos sentidos externos[1], que Agostinho chama, por sua vez, *sensus interior*[2]: Tomás de Aquino, *Summ. theol.*[3]; Descartes, *Regulae*...[4] 2°. o "senso comum", esse sentido natural em todos os homens (!) que permite que eles concordem imediatamente sobre certos princípios ou noções[5].

1. Ver *De anima* 426 ss.
2. Ver *De lib. arb.* 2, 3, 8 ss.
3. 1ª, q.79, a.4, ad 2ᵐ.
4. 12 (AT 10, p. 414).
5. Sêneca, *Epist.* 5, 4.

Similitudo, semelhança

Toda imagem é semelhança, observava santo Agostinho, mas nem toda semelhança é imagem: a *imago* é uma *similitudo expressa*, uma semelhança que extrai sua origem daquilo de que ela é a imagem, como a *similitudo* de si mesmo que um homem produz num espelho, ou a que Deus engendra em seu Verbo[1]. *Similitudo* designa também a "comparação", e a "imagem" de uma coisa no espírito[2].

1. *De div. quaest.* 74.
2. Ver *De genesi ad litt.* 12, 24.

Species, aspecto, forma

Este substantivo feminino, formado a partir do verbo arcaico *specere = "olhar", designa primitivamente a vista e o aspecto que se oferece à vista. Na língua filosófica, corresponde ao grego εἶδος (< *εἴδω = ver, olhar), e emprega-se como sinônimo, por vezes emparelhado, de *forma*[1], com, entretanto, uma acepção suplementar, a de espécie[2]. Três textos antigos poderão nos orientar na polissemia da palavra: "Todo ser (*esse*)", diz Vitoriano[3], "tem uma *species* inseparável, ou antes, a própria *species* é a própria substância, não que a *species* seja anterior ao que é o ser, mas porque a *species* define o que é o ser." E Boécio, comentando Porfírio[4]: "Em primeiro lugar", diz ele, "chama-se *species* a forma (*forma*) de cada coisa, que resulta da reunião de acidentes [...]. O que é a forma (*forma*) de cada indivíduo não é a *species* que provém de certa forma substancial (*forma substantialis*[5]), mas a que provém dos acidentes. Diferente, com efeito, é a *species* da forma substancial, a que se dá o nome de humanidade; esta não é, por assim dizer, 'classificada' sob o animal, mas como a própria qualidade que mostra a substância; ela é diferente tanto daquela que é implantada acidentalmente no corpo de cada um, quanto daquela que divide o gênero em partes." Distingue-se, portanto, a *species*-forma que "determina a qualidade substancial", por exemplo a humanidade considerada em si mesma, a *species*-espécie, por exemplo a humanidade considerada em relação ao animal, e a *species*-conformação individual acidental, por exemplo o rosto viril desse homem. Quanto a Agostinho[6], ele classifica assim as quatro s*pecies* do conhecimento sensível: "Da *species* do corpo percebido pela vista nasce aquela que se faz no sentido daquele que percebe, e daquela a que se faz na memória, e desta a que se faz no olhar do pensamento."

▪ **Species impressa:** a *sp.* impressa no intelecto passivo, que se encontra no princípio do ato intelectual; **species expressa:** a *sp.* expressa pela inteligência e na qual ela contempla o objeto que apreende.

1. Ver *supra s.v.*
2. Ver *supra s.v. genus.*
3. *Adv. Ar.* 1, 19.
4. *In Isag. Porph. ed. sec.* 3, 2 = Brandt, pp. 200 ss.
5. Ver *supra s.v.*
6. *De Trinitate* 11, 9, 16.

Spiritus, espírito

A palavra "espírito" traduz essencialmente dois substantivos latinos: *mens* e *spiritus*. Diferente do nome feminino *mens*[1], o nome masculino *spiritus* designava na origem algo material: esse elemento intermediário entre o fogo e a água, que penetra através de todas as coisas – em outras palavras, o *ar*[2], esse sopro, veículo da força vital[3], que percorre o homem por inteiro. Mas, paradoxalmente, *spiritus* designará também a natureza do Deus absolutamente transcendente dos cristãos, segundo a célebre fórmula de são João (*Spiritus est Deus* = πνεῦμα ὁ θεός[4]). Um termo equívoco, portanto, cujo sentido varia conforme seja empregado com conotações estóicas ou bíblicas: tem-se um bom exemplo disso em santo Agostinho, que emprega *spiritus* ora como um equivalente de *anima*, a alma enquanto distinta do corpo – no homem ou no animal irracional –, ora como um sinônimo de *mens*, no sentido de parte racional da alma, ora para designar a parte inferior da alma, aquela em que têm lugar as representações incorpóreas das realidades corporais, a parte da alma receptáculo das palavras, das imagens, das visões[5].

1. Ver *supra s.v.*
2. Plínio *N.H.* 2, 4, 1.
3. Ver Cícero, *De nat. deor.* 2, 55, 136 ss.
4. 4, 24.
5. Ver part. do livro XII do *De Genesi ad litteram* e do livro IV do *De natura et origine animae*.

Subjectum, sujeito

Particípio passado passivo neutro, substantivado, do verbo *subjicere* = "lançar, colocar sob". Em gramática e lógica, designa o termo de uma proposição da qual se afirma ou se nega alguma coisa: *Omnis autem simplex propositio ex subjecto praedicatoque consistit. Subjectum est de quo dicitur id quod praedicatur*[1]. Em metafísica, traduz o grego ὑποκείμενον, ou seja, a substância primeira na medida em que nela existem acidentes ou na medida em que se lhe aplica uma substância segunda: *secundae substantiae sunt quae in subjecto non sunt et de subjecto praedicantur* (Boécio[2]; a oposição *in subjecto / de subjecto* corresponde à distinção aristotélica ἐν ὑποκειμένῳ / καθ' ὑποκειμένου).

Também se encontra *subjectum* no sentido de "ponto submetido a discussão" e, mais amplamente, de matéria de um saber, de objeto (!) de uma ciência[3]. Atenção, porém, aos *distinguos* sutis que aparecem no século XIV entre o que é sabido e aquilo sobre o que (acerca de que, como se diz desde a época clássica) alguma coisa é sabida: "o *sujeito* de um conhecimento (*subjectum scientiae*)", escreveu por exemplo Guilherme de Ockham[4], "é o *sujeito* da conclusão, mas o *objeto* do conhecimento (*objectum scientiae*) é o que é conhecido e termina o ato de conhecer".

Mas onde encontrar então *subjectum* no sentido moderno? Não em seu pretenso inventor. Pois, se, na segunda de suas

Meditationes, Descartes descobre o "sujeito", pelo menos – como se diz nas histórias da filosofia – o espírito como sujeito diferente de todo objeto, ele ainda não fala essa linguagem, nem em francês nem no original latino, em que o *ego* não aparece em parte alguma como *subjectus, mas apenas – e não expressamente – como um *subjectum*, como uma *coisa* ou *substância*[5], sujeita a predicação: *Sum autem res vera, et vere existens; sed qualis res? Dixi, cogitans*[6].

■ **Subjectivus** (adj.): palavra-armadilha para o leitor desprevenido, pois os filósofos medievais empregavam-na geralmente não para qualificar alguma coisa relacionada com o que os modernos chamam "sujeito" singular e com a consciência individual, mas, pelo contrário, alguma coisa que subsiste independentemente do "sujeito" pensante. Trata-se, na origem, de um termo do jargão gramatical: numa proposição, explica Martianus Capella[7], no século V, é preciso distinguir a parte *subjectiva*, em que está "subjetivado" o "que é [de que se fala]" (*quid sit?*), e a parte *declarativa*, "em que é declarado o que se pode compreender"; por exemplo nas frases "**o romano Cícero** debate com Catão em sua propriedade de Tusculum" e "**aquele que debate** é Cícero", as palavras destacadas constituem a *subjectiva*, o resto a *declarativa*. Por conseqüência, *subjectivus* se reportará à substância que se trata de conhecer, e não, como subjetivo, ao sujeito cognoscente. Por isso se dará o nome de *esse subjectivum* (ou adv. *subjective*) de uma coisa ao seu ser real, por oposição ao seu *esse objectivum* (ou *objective*), seu ser representado. Entretanto, a partir do momento em que, como Guilherme de Ockham[8], se distingue um *esse subjectivum in re* e um *esse subjectivum in anima*, já se entrevê a possibilidade de que a palavra se incline para sua acepção moderna: os conceitos tornam-se qualidades ou acidentes presentes no espírito como em um *sub-jectum*, à maneira das cores numa parede. Contudo, será necessário aguardar o século XVIII alemão para que se afirme o sentido "subjetivo" de *subjectivus*: assim, em sua dissertação *De mundi sensibilis atque intelligibilis forma et principiis*[9], Kant escreveu: "O tempo não é algo *objectivum* e real, nem uma substância, nem um acidente, nem uma relação, mas uma *subjectiva condicio*, uma 'condição subjetiva' do espírito humano, necessária por sua natureza, para coordenar entre eles quaisquer sensíveis segundo uma lei determinada."

1. Boécio, *In Topica Cic.* 5 = *PL* 64, 1130.
2. Boécio, *In Categor. Arist.* 1 = *PL* 64, 185.
3. Ver Tomás de Aquino, *Summ. theol.* 1ª, q.1, a.7 resp.
4. *Ordinatio*, prol. q.9.
5. Ver s.v. *res, substantia*.
6. AT 7, p. 27.
7. *Dialect.* § 393.
8. *Quodlibet* 2, q.10.
9. § 14, 5.

Subsistere, subsistentia, subsistir, forma subsistente

Teoricamente, o verbo reduplicado *sistere* indica o processo cuja conclusão é expressa pelo verbo simples *stare*: deter-se / estar imóvel; é também o caso de *subsistere* (ver a reação do soldado romano ao descobrir a matrona de Éfeso no *Satyricon*[1]: "Diante dessa mulher maravilhosamente bela, perturbado como por um prodígio ou por uma aparição sobrenatural, ele caiu imóvel, *substitit*"). De fato, o composto *subsistere* eclipsa o composto *substare*, e o substitui no sentido de "manter-se firmemente imóvel".

Entretanto, Boécio[2] propõe uma distinção nítida: "O que os gregos chamam de οὐσίωσις e οὐσιῶσθαι, nós denominamos *subsistentia* e *subsistere*. Quanto ao que eles chamam ὑπόστασις e ὑφίστασθαι, nós traduzimos por *substantia* e *substare*. Pois se diz *subsistere* a respeito daquilo que ele mesmo não tem necessidade de acidentes para poder ser. *Substare* diz-se daquilo que fornece certo *subjectum*[3] para acidentes diferentes dele, a fim de que possam ser; ele se mantém, com efeito, sob eles (*sub illis stat*), sendo o *subjectum* desses acidentes. É por isso que somente os gêneros ou as espécies *subsistem*, porque aos gêneros e às espécies não acontecem acidentes. Em contrapartida, os indivíduos não só *subsistem* (*subsistunt*) mas são substantes (*substant*, lit. mantêm-se sob): visto que, de um lado, eles não têm necessidade de acidentes para ser, estando já informados por caracteres próprios e específicos, e, de outro, proporcionam aos acidentes a possibilidade de ser, uma vez que são seus *subjecta*." A distinção será utilizada de novo no século XII, sobretudo, por Gilbert de Poitiers: "Por 'subsistente' (*subsistens*) Gilbert entende uma coisa concreta (*id quod est*), na medida em que é composta de um substrato (*substantia*) e de formas (*subsistentiae*) que fazem desse substrato um 'ser', uma *essentia*, ou seja, um sujeito dotado de um *esse*"[4].

Deve-se levar em conta, porém, que na Idade Média o termo *subsistentia* era correntemente aceito como uma tradução de ὑπόστασις, no sentido de realidade particular subsistente[5], segundo a equivalência estabelecida anteriormente por Vitoriano[6] e explicitada por Rufino[7]: *substantia* = οὐσία = *rei alicujus natura et ratio* "a natureza que define uma coisa" ≠ *subsistentia* = ὑπόστασις = "aquilo que [em cada pessoa da Trindade] existe e subsiste" *exstat et subsistit*. Deve-se considerar essas flutuações de tal maneira que, como assinala santo Tomás[8], é possível observar certas variações terminológicas no próprio Boécio entre os tratados teológicos e os comentários de Aristóteles, em que ele "atribui o nome de *hipostasis* tanto à matéria como ao primeiro princípio de substância (literalmente de ser substante = *substare*): é dela que a substância primeira tem de ser um substrato do acidente; pois a forma simples não pode ser *subjectum* [...] Quanto ao nome de *ousiosis* ou de *subsistentia*, ele o atribui tanto à forma como ao princípio de ser; é por ela que a coisa é em ato; e o nome de *ousia* ou de *essentia*, ele o atribui ao composto".

1. C. 111.
2. *Contra Eutychen* 3 = *PL* 64, 1344.
3. Ver *supra s.v.*
4. A. de Libera, *La querelle des universaux*, Paris, 1996, p. 171.
5. Ver Tomás de Aquino, *Summ. theol.* 3ª, q.2, a.3 resp.
6. Ver *Adv. Ar.* 1, 16; 2, 4.
7. *Hist. eccl.* 1, 29 = *PL* 21, 499.
8. *De potentia* q.9, a.1; cf. *Summ. theol.* 1ª, q.29, a.2.

Sub specie aeternitatis, sob o aspecto da eternidade

Os grandes pensamentos exigem lugares altos, todo leitor de Stendhal sabe disso – de Stendhal ou de Cícero, o autor do famoso *Sonho de Cipião*[1]. Em 149 a.C., durante um sonho noturno, a alma de Cipião Emiliano elevou-se até o "princípio" do mundo, o deus que se move por si mesmo, eternamente; de lá ele via tudo, contemplava a harmonia das nove esferas que compõem o universo, com a Terra embaixo, no centro.

Espinosa fez ele próprio a experiência, que descreveu quase no fim da *Ética*[2]: "As coisas são concebidas por nós como atuais de duas maneiras, conforme as concebemos na medida em que elas existem com relação a um tempo e a um lugar determinados, ou na medida em que elas estão contidas em Deus e resultam da necessidade da natureza divina. Ora, as que são concebidas como verdadeiras, em outras palavras, reais, desta segunda maneira, concebemo-las sob o aspecto da eternidade [do ponto de vista da eternidade, *sub aeternitatis specie*], e suas idéias envolvem a essência eterna e infinita de Deus?"[3] Wittgenstein emprega a variante *sub specie aeterni*: "Contemplar o mundo *s.s.a.*, é contemplá-lo como totalidade – mas totalidade limitada."[4]

1. *De republica* 6, 9 ss.
2. 5, prop. 29, esc.
3. Ver M. Gueroult, *Spinoza* 2, Paris, 1974, p. 615.
4. TLP 6.45.

Substantia, substância

"O que não tem *substantia* não existe."[1]

Esta palavra, que, na origem, pertencia sem dúvida à fala corrente – com sentidos muito concretos dos quais subsistem traços no francês; substância orgânica, substância de um alimento, substância que o pródigo dilapida, tanto no sentido próprio como no figurado: "Quem não dissipou sua substância por conta de uma vida desregrada e licenciosa?" trovejava Bossuet –, encontra-se pela primeira vez em Sêneca. *Substantia*, análoga à ὑπόστασις dos estóicos, designa então a consistência material de uma coisa, por oposição à aparência ou à opinião, e o substrato corporal que assegura essa consistência: uma coisa **existe** na medida em que ela **tem** *substantia*[2]. A palavra passou a significar a própria coisa que tem essa consistência de ser; isto é, "como os sábios e os antigos a definiram:

o que é sujeito, o que é alguma coisa, o que não está num outro"³, e depois a natureza dessa realidade, por um deslocamento comparável ao da palavra grega de que se tornou o equivalente, οὐσία, ao mesmo tempo *quem é* e *o que é*.

O substantivo feminino *substantia* será assim um dos termos-chave da metafísica ocidental, e sua noção "tão fecunda que, a partir dela, sucederam-se as verdades primeiras, inclusive concernindo a Deus, tanto aos espíritos como à natureza dos corpos", declara ainda Leibniz em 1694⁴. Mas imagine-se os mal-entendidos que podia causar a ambigüidade de um vocábulo que designa tanto um indivíduo subsistente, uma realidade particular, uma *res*, a πρώτη οὐσία de Aristóteles – quanto o fundo permanente e próprio dessa *res*, ou seja, sua essência. Assim, no âmago das controvérsias trinitárias do século IV, a fórmula dos teólogos gregos μία οὐσία τρεῖς ὑποστάσεις podia culminar, do lado latino, na definição incongruente: *una substantia, tres substantiae*, uma substância divina em três substâncias⁵. "Aristóteles", escreveu Mário Vitorino, "diz que as coisas (*res*) de que se trata nos discursos, nas ações, no mundo em geral, se reduzem no total a dez. [...] A primeira é chamada *substantia*. As outras nove estão *in substantia*. São chamadas de acidentes. Por exemplo, o pergaminho para escrever é a substância, seus acidentes são a cor de açafrão, a escrita etc."⁶ Boécio, em seu *Comentário das categorias*, também traduz οὐσία, enquanto primeiro predicamento, por *substantia*. Poderia surpreender que *substantia* tenha resistido tão bem à concorrência de *essentia*, etimologicamente mais predisposta, no entanto, a traduzir um derivado de εἶναι. Mas *sub-stantia* apresentava a vantagem de sugerir, pelo seu próprio prefixo, que οὐσία é sujeito, ὑποκείμενον, atributos, acidentes, qualidades: *Recte igitur quod prius subjectum est, hoc substantia principaliter appellatur*⁷.

É por isso que Agostinho considera um abuso de linguagem aplicar a Deus o termo *substantia*: "Se Deus sub-siste [*subsistere* é empregado aqui num sentido literal, e não em seu sentido comum de continuar a ser], de tal maneira que se possa chamá-lo apropriadamente *substantia*, é porque existe algo nele como num sujeito, e que ele não é o ser simples para quem o ser é idêntico a qualquer outro predicado relativo a si mesmo, como grande, todo-poderoso, bom etc. Ora, é sacrilégio dizer de Deus que ele subsiste e é o sujeito de sua bondade, e negar que essa bondade seja ela própria uma substância – ou antes uma essência – e que Deus seja ele próprio sua bondade, e não o sujeito de sua bondade."[8] Isso não impede o teólogo africano de nomear Deus *incommutabilis substantia*[9]. No século seguinte, Boécio explica e aprofunda: se é possível falar de *substantia* de Deus, "não é por que ele se situe sob as outras coisas como um sujeito mas porque, precedendo todas as coisas, está sob elas como seu princípio proporcionando-lhes meios... de subsistir"[10]. Observa-se, entretanto, uma constante da palavra, apesar de sua ambivalência: que ela designa "o que não necessita de um fundamento exterior para o sustentar e que encontra sua base em si mesmo [...] ou o que serve de fundamento para acidentes e os sustenta"[11], que se relaciona com *subsistere* = "perdurar" ou com *substare* = "ser um substrato", ela significa sempre algo sólido. Mas o peso etimológico da palavra desloca-se do prefixo para o radical, de maneira que na época clássica *substantia* indica principalmente a capacidade de uma coisa para ficar e manter-se no ser, em sua própria dependência. Nessa perspectiva, são as criaturas que, pelo contrário, são impropriamente chamadas de *substantiae*. Segundo Descartes: "Por *substantia* só podemos entender a coisa (*res*) que existe de tal maneira que não tem necessidade de nenhuma outra coisa para existir. E, na verdade, só podemos conceber uma única substância que não precisa de absolutamente nenhuma outra coisa, a saber, Deus. Quanto às outras, percebemos que elas só podem existir graças ao concurso de Deus. E é por isso que o nome de *substantia* não convém de maneira unívoca a Deus e a essas coisas."[12]

Entretanto, no sentido amplo, denomina-se *substantiae* as coisas (*res*, ver esta palavra) que subsistem por si mesmas, ou seja, que não têm necessidade de um sujeito no qual existir, à maneira de um atributo. Mas essa definição escolástica não está isenta de problemas, como se vê, por exemplo, nas *Quartae responsiones*, a propósito das duas "substâncias" que são o espírito e o corpo, que parecem formar uma terceira substância na qual ambas estão: "Não ignoro", escreve Descartes, "que certas *substantiae* são comumente chamadas *incompletae*. Mas, se elas são ditas incompletas porque não podem existir só por si mesmas (*per se esse*), confesso que me parece contraditório que sejam *substâncias*, isto é, coisas que subsistem por si mesmas (*res per se subsistentes*) e são ao mesmo tempo incompletas, ou seja, coisas incapazes de subsistir por si mesmas. Ora, pode-se chamá-las de incompletas não, certamente, porque tenham algo incompleto enquanto substâncias, mas tão-só na medida em que estão associadas a outra substância com a qual compõem alguma coisa de um por si (*unum per se*). Assim, a mão é uma substância incompleta, quando relacionada com a totalidade do corpo de que ela é uma parte; mas ela é uma substância completa quando considerada isoladamente. E, do mesmo modo, o espírito e o corpo são *substâncias incompletas* quando as relacionamos com o homem que compõem; mas considerados isoladamente são *substâncias completas.*"[13] Problema de palavra, em que se reflete uma das dificuldades cruciais do cartesianismo: afirmar que o espírito (*mens*) do homem é realmente distinto do corpo e, ao mesmo tempo, que está ligado a ele a ponto de formarem uma só coisa (*unum*)[14]. Resumamos ingenuamente: como podem duas substâncias existir numa terceira, como num sujeito?

Pois essa é, como já assinalamos, a ambigüidade da palavra, conforme seja lida por seu prefixo, *sub-stantia*, ou acentuando seu radical, *substántia*. Espinosa conserva esses dois aspectos da *substantia*, mas rompendo com a tradição "gramatical" da substância-sujeito. A *substantia* designará o fundamento absoluto do ser, idêntico a Deus: "o que existe em si e por si é concebido" (*quod in se est, & per se concipitur*[15]), e na qual se produzem todas as coisas. Entretanto, é Leibniz quem subverterá, como se ousa dizer, a própria palavra *substantia*, ao dinamizar uma noção que a etimologia (*sto, stare*) parecia devotar à imobilidade: "a *substância* é um ser capaz de ação", segundo a definição que abre *Os princípios da Natureza e da Graça, fun-*

dados na Razão. Ou seja, parafraseado em latim: *ita ut non tantum omne, quod agit sit substantia singularis, sed etiam ut omnis singularis substantia agat sine intermissione; corpore ipso non excepto, in quo nulla unquam quies absoluta reperitur*[16].

▪ **Substantialis** (adj.): equivalente do grego οὐσιώδης, opõe-se a *accidens*; na terminologia escolástica, a *forma substantialis* é a forma que, ao determinar a matéria-prima, constitui uma natureza dada[17]. Nota-se também a expressão particular *vinculum substantiale*, com a qual Leibniz[18] designa o "vínculo substancial" que confere uma realidade, fora de nossa percepção, à unidade da substância composta, de fato, um *substantiatum* (= *unum per se*, por exemplo um animal), e não um simples *aggregatum* (= *unum per accidens*, por exemplo um monte de pedras). **Substantialiter** (adv.): opõe-se a *accidentaliter*, mas também a *relative*[19]. **Substantialitas** (subst. f.): traduz o termo grego médio/neoplatônico οὐσιότης; tem um valor superlativo e designa a substância absoluta, a pura substância, a substância das substâncias[20].

1. Apuleio, *Libr. peri herm.* 3, 267 = Moreschini, p. 191.
2. Cf. *Nat. Quaest.* 1, 15, 6; *Epist.* 113, 4-5.
3. Mário Vitoriano, *Adu. Ar.* 1, 30.
4. *De primae philosophiae emendatione & de notione substantiae*.
5. Ver Jerônimo, *Epist.* 15, 3-4.
6. *In Ciceronis rhet.*, 1, 9.
7. Boécio, *In categ. Arist.* = *PL* 64, 182.
8. *De Trinitate* 7, 5, 10.
9. *Ibid.*, 5, 2, 3.
10. *Liber de duabus naturis* 3 = *PL* 64, 1345.
11. Tomás de Aquino, *In libr. 2 Sent.* d.35, q.2, a.1.
12. *Princ. phil.* 1, 51.
13. AT 7, p. 222.
14. Cf. *Synopsis medit.* = AT 7, p. 15.
15. *Ética* 1, def. 3.
16. *De ipsa natura, sive de vi insita actionibusque creaturarum* 9 = Dutens 2, 2, p. 53.
17. Ver *ISC* n.º 209.
18. Ver *Epist. ad P. Des Bosses* = Dutens 2,1, pp. 300 ss.
19. Ver Agostinho, *De trinitate* 5, 8, 9.
20. Ver Mário Vitoriano, *Adu. Ar.* 1, 50; 3, 7.

Substratum, substrato

Este particípio passivo neutro substantivado do verbo *sub-sternere* = "estender embaixo" é com muita freqüência considerado um equivalente corrente do grego ὑποκείμενον. De fato, esse termo escolástico nunca concorreu verdadeiramente com *subjectum* e permanece de uso raro. São propostos, entretanto, dois exemplos, com cinco séculos de intervalo, um em santo Tomás[1]: "O que forma o substrato das coisas (*id quod substernitur in rebus*) revela-se mais comum do que aquilo que o informa e restringe: assim, ser é [mais comum] do que viver, viver mais do que ser inteligente, e a matéria mais do que a forma. Quanto mais, portanto, alguma coisa é *substratum*, mais diretamente ele procede de uma causa superior. Assim, o que é primeiro *substratum* em todas as coisas depende propriamente da causalidade da causa suprema [isto é, a criatura corporal é produzida diretamente por Deus]"; o outro exemplo está no *Prefácio* de Louis Dutens para a *Physique générale et Métaphysique* de Leibniz[2]: "[Segundo Berkeley e seu 'idealismo'] se sob o nome de *substantia* se entende o *substratum* de todas as qualidades de um corpo qualquer captadas pelos sentidos, é evidente que esse *substratum* não seja outra coisa senão a alma em que se encontram conjugadas essas qualidades sensíveis e que, por essa razão, constitui seu solitário *substratum*."

1. *Summ. theol.* 1ª, q.65, a.3.
2. Dutens 2, 1, p. 110.

Suppositio, suposição, substituição

Este substantivo feminino foi retirado do verbo *sub-ponere*, que significa "pôr embaixo" ou "pôr no lugar de". *Sub-positio* poderá, portanto, traduzir o termo aristotélico ὑπό-θεσις: "Uma tese (*positio* = θέσις) que adota qualquer uma das partes da enunciação, como quando digo que uma coisa é ou não é, consiste numa *suppositio*. Sem isso, é uma *definitio* [...] Pois o aritmético postula (*posit*) que a unidade é o indivisível segundo a quantidade; ora, isso não é uma *suppositio*, pois o que é a unidade e que unidade é não é a mesma coisa."[1]

Entretanto, na terminologia lógica medieval, *suppositio* designará uma "substituição" (*Dicitur autem suppositio quasi* **pro** *alio positio*, escreve Ockham[2]; e não **sub** *alio positio*), digamos simplesmente, sem penetrar na tipologia abstrusa dos diferentes *modi supponendi*, a substituição de um termo para uma coisa numa proposição. Assim, na frase "o homem é um nome", o termo "homem" *supõe* (que nos perdoem este solecismo]. Os medievais também dizem: uma palavra *está colocada* na proposição *no lugar de*, **ponitur pro**, *é mantida* na proposição *no lugar de,* **stat pro**) o som vocal [om]; em contrapartida, se, durante uma orgia de Trimálquio, ouço um escravo dizer "o homem é um porco", posso supor que "homem" *supõe* o próprio Trimálquio; mas, talvez, ele *suponha* o gênero humano.

1. Boécio, *Post. analyt. interpr.* 1, 2 = *PL* 64, 714.
2. *Summ. log.* 1, 63.

Suppositum, suposto

Este particípio passivo neutro substantivado do verbo *sub-ponere*[1] é, na Idade Média, uma das traduções do grego ὑπόστασις. Tomás de Aquino[2] recorda a ambivalência da noção aristotélica de "substância": "De uma primeira maneira se diz substância a qüididade da coisa, que a definição exprime [...]; os gregos chamam essa substância de *usia*, que podemos traduzir por *essência*. De uma segunda maneira, dá-se o nome de substância ao sujeito (*subjectum*) ou suposto (*suppositum*) que subsiste no gênero substância." É necessário ainda sublinhar[3] que, nas *res* compostas de matéria e de forma, a natureza difere realmente do suposto, "porque no *suppositum* está incluída a própria natureza específica, e nela estão adicionados alguns outros elementos estranhos à definição específica. Por isso o *suppositum* significa um todo cuja natureza é a parte formal e perfectiva. E é por isso que, nas coisas compostas de matéria e de forma, a natureza não é predicada do suposto, pois não dizemos que *este homem é sua humanidade*. Mas numa *res* em que nada existe fora da forma e da natureza que a definem, como ocorre com Deus, não há distinção real mas apenas conceptual entre suposto e natureza: ela é chamada de natureza segundo seja certa essência, mas é chamada de suposto segundo seja subsistente".

Deve-se evitar, portanto, confundir, apesar da semelhança das imagens etimológicas, *sub-positum* e *sub-stratum*. Diferente do "substrato", o "suposto" forma uma substância individual completa: "*Stricto sensu*, subsistir significa [para uma coisa] ser por si completamente e sem depender de outra coisa para subsistir; assim, apenas os supostos (*supposita*) são considerados propriamente subsistir. [...] *Est autem suppositum proprie substantia singularis completa et incommunicabilis.*"[4]

1. Ver verbete precedente.
2. *Summ. theol.* 1ª, q.29, a.2.
3. 3ª. q.2., a.2.
4. Eustache de Saint-Paul, *Summ. phil.* 4, 42 = *ISC* nº 437.

Syllogismus, silogismo

Se temos medo da morte em combate, devemos repetir, como o estóico Zênon: "Nenhum mal é glorioso; ora (*autem*) a morte é gloriosa; portanto (*ergo*) a morte não é um mal." Trata-se, segundo parece, de um silogismo soberano ou, para retomar o termo de Sêneca em sua *Carta* 82, 9, de uma *collectio*. De fato, várias palavras latinas traduzem o grego συλλογισμός, como *collectio* (o verbo *con-ligere* significa tirar a conclusão de um raciocínio dedutivo), ou *ratiocinatio* (o verbo *ratiocinari* significa, em primeiro lugar, calcular, como συλλογίζεσθαι). Entretanto, é a simples transliteração *syllogismus* que é a mais correntemente empregada e, desde Boécio, quase exclusivamente, servindo então *ratiocinatio* para designar o *raciocínio* num sentido mais amplo: "O princípio de base de todo raciocínio (*ratiocinatio*)", escreveu Leibniz, "é que de tudo possa ser dada uma razão."[1]

O latim antigo chamava *propositio* à premissa maior de um silogismo (= πρόθεσις, πρότασις; Cícero[2]: "a *propositio*, pela qual é brevemente exposto o lugar de onde deve provir toda a força do raciocínio"), à premissa menor *adsumptio* (= πρόσληψις), à conclusão *complexio* (= συμπέρασμα).

As denominações "maior", "menor", "premissas", utilizadas ainda hoje pelos lógicos, vêm do latim escolástico. No início das *Primeiras analíticas*[3], Aristóteles distinguia três "termos" (ὅροι) no silogismo categórico – silogismo formado de três proposições não contendo nem alternativa nem condição –, os três elementos entre os quais é estabelecida uma relação lógica: um termo intermediário entre um primeiro termo e um último termo, isto é, um termo médio (τὸ μέσον) entre dois extremos (τὰ ἄκρα), o maior (μεῖζον), ou seja, aquele que tem a maior extensão, e o menor (ἔλαττον), ou seja, aquele que tem a menor extensão. Assim, Boécio[4] denominará "extremo maior [literalmente *extremidade maior* = *major extremitas*] aquele no qual está contido o termo médio, e menor [*minor*] aquele que está inserido [literalmente *sob* = *sub* = ὑπό] no médio". Os medievais denominaram *maior propositio* aquela que contém o termo (ou extremo) maior, *minor propositio* a que contém o termo (ou extremo) menor, e *praemissa* essas duas primeiras proposições do silogismo (literalmente "enviadas adiante").

1. *Op. ined.*, Couturat, p. 25.
2. *De inventione* 1, 37, 67.
3. 25b-26a.
4. *Prior. analyt. interpr.* 1, 4, = *PL* 64, 642.

Tranquillitas, tranqüilidade

Aos nossos ouvidos modernos, a palavra soa um pouco medíocre. Mas, atenção!, a *tranquillitas* não é simplesmente um estado "afável". Implica grandeza, imensidade calma de uma alma semelhante ao mar transparente, ou, por um deslizamento metafórico, à impassibilidade do homem insensível ao vaivém e às turbulências da sorte. Essa serenidade era chamada pelos gregos de εὐθυμία[1], ἀταραξία ou γαλήνη.

1. Cf. Sêneca, *De tranquillitate animi* 2, 3.

Transcendentia / -talia, transcendentes, transcendentais

Santo Agostinho usava o verbo *transcendere* – decalque clássico do grego ὑπερβαίνειν, mas até então empregado no sentido de transpor [montanhas] ou de transgredir – para descrever a anábase platônica em que a alma se eleva acima dos corpos, depois acima dela própria, para atingir o Ser imutável, que dá o ser a toda criatura mutável[1] (a citação latina com que Husserl concluiu sua *5ª Meditação, in te redi...*, prossegue assim no texto de Agostinho: "... e se tu só encontraste tua natureza mutável, transcende-te também a ti mesmo, *transcen-*

de et teipsum; mas lembra-te de que ao te transcenderes tu transcendes tua alma racional"), e para significar a "transcendência" absoluta de Deus ("Qual é, pois, *aquele que é* [no sentido absoluto de *esse*], senão aquele que transcende, *quod transcendit*, todas as coisas que são sem ser?"[2]). Por outro lado, Boécio[3] emprega esse mesmo verbo a propósito da segunda espécie de "próprio" distinguido por Porfírio, aquele que "contém toda a espécie mas a *ultrapassa*" (por exemplo, bípede para o homem).

Esse duplo emprego, metafísico e lógico, do verbo *transcendere* predispunha o particípio presente *transcendens*, substantivado no neutro plural *transcendentia*, a designar as coisas que "transcendem" todas as categorias, que "vão além" dos gêneros do ser: *ens, unum, bonum, verum*, mas também, por vezes, *aliquid* e *res* – as listas são variáveis. O termo apareceu, sem dúvida, no início do século XIII[4], mas os historiadores da filosofia usam-no mais do que os próprios filósofos. Encontra-se também a perífrase *termini transcendentes*. A forma *transcendentalia* é, pelo que se sabe, pós-medieval[5]. Atenção! É possível encontrar também *transcendens* empregado no sentido antiescolástico de "transcendente", por exemplo pela pena de Heidegger, "o ser é o *transcendens* puro e simples. [...] Todo conhecimento do ser enquanto *transcendens* é conhecimento transcendental[6].

1. Ver *Civ. Dei* 8, 6; *De vera relig.* 39, 72.
2. Ver *In Iohann. evang. tr.* 2, 2.
3. *In Isag. porph. ed. sec.* 4, 15 = Brandt, p. 277.
4. Ver H. Pouillon, "Le premier traité des propriétés transcendentales...", in *Rev. néoscol. de phil.* 42, 1939, pp. 40-77.
5. Ver *ISC* n.º 520.
6. *Être et temps*, trad. fr. Vezin, p. 65.

Uti / frui, usar / fruir

"Fruir (*frui*) é estar ligado a uma coisa por amor a ela. Usar (*uti*) é relacionar aquilo de que se tem o uso com a posse daquilo que se ama."[1]

1. Agostinho, *De doctrina christiana* 1, 4, 4.

Verbum, palavra

"Tudo o que é proferido por uma voz (*vox*) articulada com uma significação percute (*verberare*) no ouvido para ser percebido e é confiado à memória para ser conhecido (*nosci*) [...] E se os *verba*, as 'palavras', tirassem seu nome de *verberare* (percutir) e os *nomina*, os 'nomes', de *noscere* (conhecer)?"[1] Nota-se que num contexto gramatical *verbum* significa o "verbo" por oposição ao "nome", *vocabulum*, e que num contexto teológico *Verbum* designa o Logos, a Palavra criadora: por um jogo etimológico muito antigo, é então associado ao Verdadeiro, *Verum*. Mas no sentido próprio *verbum* é, em primeiro lugar, mental. De fato, "quando falamos a outrem, permanecendo o *verbum* interior, utilizamos os serviços da voz ou de um sinal corporal para provocar na alma do ouvinte, através de uma espécie de evocação sensível, um *verbum* semelhante àquele que não abandona a alma daquele que fala"[2].

1. Agostinho, *De magistro* 5, 12.
2. Agostinho, *De Trinitate* 9, 7, 12.

Veritas, verdade

Formada a partir do adjetivo *verus* = verdadeiro (que se encontra freqüentemente substantivado no neutro *verum* = o verdadeiro), *veritas* significa na maioria das vezes a verdade (sobre suas definições, ver Alberto Magno[1]), mas também, por vezes, a qualidade daquele que faz o que diz e que diz o que faz[2]. *Verisimilis* ou *similis veri* = verossímil[3].

1. *De bono* tr.1, q.1. a.10.
2. Ver Cícero, *De invent.* 2, 22, 66.
3. Ver Cícero, *Acad. pr.* 2, 10, 32.

Virtus, valentia, virtude

"A *virtus* [...] que é própria da raça e dos genes romanos."[1]

Uma autêntica palavra latina! Cícero destacou seu sentido fundamental em suas *Tusculanae*[2]: "Quando todas as disposições [*adfectiones* = διαθέσεις] retas da alma são chamadas *virtutes*, esse não é seu nome próprio, mas provém daquela que prepondera sobre todas as outras. Pois *virtus* vem de *vir* [= homem, viril]. Ora, o que é próprio do *vir* é a *fortitudo* [a tradução 'força da alma' seria redutora, a *fortitudo* é a energia de *resistência* à prova] cujas duas funções principais são o desprezo pela morte e pela dor." Com *virtus* fica-se, portanto, aparentemente mais perto do herói guerreiro que da casta matrona. E, no entanto, a palavra aplica-se também às mulheres... e às coisas.

A *virtus* é a qualidade de um *vir* digno desse nome, o que poderá ser, por analogia, a qualidade de uma mulher digna desse nome. Pois o termo designa de modo geral, como o ἀρετή grego, a realização em cada um de sua natureza (ver *Acad. post.*[3]; *De legibus*[4]: *perfecta et ad summum perducta natura*; τελειότης τῆς ἑκάστου φύσεως[5]) e, por extensão, o que faz a excelência de um animal, de uma planta ou de um objeto. De modo que, se identificarmos o que é próprio do homem [*homo*, não *vir*], o que faz a excelência de um homem, na razão[6], a *virtus* humana será definida como a conformidade do homem a essa natureza racional, sua *rationis perfectio* ou *ratio perfecta*[7]. Uma *virtus* que se diversificará ou, melhor dizendo, visto que a *virtus* não deixará de ser uma, se concretizará em *virtutes* catalogáveis segundo os diversos domínios, moral ou intelectual, de seu exercício.

Mas a equivalência *virtus* / ἀρετή não deve fazer perder de vista outras correspondências. A *virtus* não é um estado fixo que se incensa, a *virtus* é uma força: os antigos estóicos conheciam bem esse *tonos* ígneo da alma que a torna capaz de executar tudo aquilo a que ela se aplica, e que eles chamavam ἰσχύς e κράτος; a *virtus* é freqüentemente a portadora desses valores. Mas essa força pode ser percebida em sua eficiência – os teólogos cristãos lembrar-se-ão disso quando usarem a palavra no plural para designar os milagres – ou em sua potência para agir; assim como o grego δύναμις. Os escolásticos farão um amplo uso de *virtus* para significar a qualidade propícia para produzir alguns efeitos (*v. dormitiva* do ópio!).

Por conseguinte, a *virtus* é excelência e potência: encontraremos esses dois valores da palavra combinados, tanto em Tomás de Aquino (*potentiae perfectio virtus vocatur*[8]) quanto em Espinosa ("A *virtus* é a própria potência do homem que se define apenas pela essência do homem, isto é, que se define apenas pelo esforço pelo qual o homem se empenha em perseverar em seu ser"[9]).

1. Cícero, *Phil.* 4, 13.
2. 2, 18, 43.
3. 1, 5, 20.
4. 1, 8, 25.
5. Cf. *SVF* 3, nº 257.
6. Ver *supra s.v. ratio*.
7. Ver Cícero, *De finibus* 4, 13, 35; Sêneca, *Epist.* 76, 10.
8. *Summ. theol.* 1ª 2ᵃᵉ, q.55, a.2 resp.
9. *Ética* 4, def, 8; pr. 20, dem.

Vis, força

Nome feminino empregado classicamente em três sentidos: 1º. *força*; 2º. *valor, significação* de uma palavra; 3º. *caráter essencial* de uma coisa. Particularmente importante na terminologia leibniziana: "A força ativa, *vis activa*, difere da potência[1] nua, noção difundida nas escolas, porque a potência ativa dos escolásticos, ou faculdade, nada mais é do que a possibilidade próxima de agir, que tem, entretanto, necessidade de uma excitação estranha e de uma espécie de estímulo para se transformar em ato. A *vis activa* contém certo ato ou ἐντελέχεια, e é intermediária entre a faculdade de agir e a própria ação; ela envolve um *conatus*[2] e é assim impelida por si mesma à ação; não tem necessidade de auxiliares, mas tão-só da supressão do impedimento."[3]

1. *Potentia*: ver *supra s.v.*
2. Ver *supra s.v.*
3. *De primae philosophiae emendatione...* = Dutens 2, 1, p. 20.

Visum, representação

Particípio passado passivo substantivado de *videre* = "*ver*", com o qual Cícero traduz o termo estóico φαντασία, a "representação" de um objeto pelos sentidos. *Visum comprehensibile* = φ. καταληπτική.

Voluptas, prazer

"Tua carta me suscitou um grande prazer, *voluptas*: sim, permita-me que use as palavras de todo o mundo e não as remeta a seu sentido estóico. Acreditamos que a *voluptas* é um vício, de acordo; entretanto, escrevemos correntemente *voluptas* para exprimir a alegria da alma..." Precaução afetada por parte de Sêneca[1]? Isso não é tão certo. Pois efetivamente essa palavra *voluptas* tinha algo de "mal-afamada, de suspeita", lembra Cícero[2], que se empenha em chamar um gato de um gato e de *voluptas* à ἡδονή ambígua de Epicuro; e "segundo o uso de todos aqueles que falam latim, há *voluptas* quando se percebe uma impressão agradável [*jucunditas*] que põe em movimento alguma sensibilidade"[3]. Mesmo que a palavra possa, em princípio, ser transferida para a alma[4], ela está muito maculada por conotações sensuais e sexuais para que a identidade estabelecida pelos epicuristas *summum bonum* = *cum voluptate vivere* não pareça escandalosa. Isso não impedirá P. Gassendi de a retomar serenamente ao longo de seu *Traité de la Philosophie d'Épicure*: pois "parece claro que a felicidade consiste na *voluptas*"[5]. Outros preferirão nobilitar o prazer chamando-o *delectatio*[6].

1. *Epist.* 59, 1.
2. *De finibus* 2, 4, 12.
3. *Ibid.* 13.
4. *Ibid.*
5. *Phil. Épic. syntagma* 3, 3.
6. Ver *supra s.v.*

Vox, voz

Este substantivo feminino designa quer a voz, quer a matéria vocal que dá sua forma a uma palavra, quer, como *verbum*[1], a própria palavra, até mesmo uma fala composta de palavras.

1. Cf. *supra s.v.*

BIBLIOGRAFIA

Dicionários de latim

BLAISE, A., *Dictionnaire latin-français des auteurs chrétiens*, Turnhout, 1954.
——, *Lexicon latinitatis medii aevi*, Turnhout, 1975.
ERNOUT, A., MEILLET, A., *Dictionnaire étymologique de la langue latine*, 4.ª ed., Paris, 1959.
FORCELLINI, *Totius latinitatis lexicon auctum atque emendatum a V. de Vitt*, Prato, 1858 ss.
Thesaurus Linguae Latinae editus auctoritate et consilio academiarum quinque germanicarum, Leipzig, 1900 ss.

Dicionários de filosofia

BARAQUIN, N. et al., *Dictionnaire de philosophie*, 2.ª ed., Paris, 2000.
CHAUVIN, E., *Lexicon philosophicum*, Leeuwarden, 1713 (reprod. fotomec. Stern-Verlag, Düsseldorf, 1967).
GOCLENIUS, R. (ditto "o Velho"), *Lexicon philosophicum quo tanquam clave philosophiae fores aperiuntur*, Frankfurt, 1613 (reprod. Fotomec. Olms, Hildsheim, 1980).
Historisches Wörterbuch der Philosophie, ed. J. Ritter, Basileia, 1971 ss.
LALANDE, A., *Vocabulaire technique et critique de la philosophie*, 2.ª ed., Paris, 1960. [Trad. bras. *Vocabulário técnico e crítico da filosofia*, São Paulo, Martins Fontes, 3.ª ed., 1999.]
Les notions philosophiques. Dictionnaire (= Encyclopédie philosophique universelle, vol. II), 2 vol., ed. S. Auroux, 2.ª ed., Paris, 1998.

MICRAELIUS, J., *Lexicon philosophicum terminorum philosophis usitatorum*, 2ª ed., Iena, 1662 (reprod. fotomec. Stern-Verlag, Düsseldorf, 1966).

Léxicos especializados

BORGO, A., *Lessico morale di Seneca*, Nápoles, 1988.
BAUDRY, L., *Lexique philosophique de Guillaume d'Ockham*, Paris, 1958.
FINSTER, R. et al., *Leibniz Lexicon*, Hildsheim, 1988.
GIANCOTTI BOSCHERINI, E., *Lexicon Spinozanum*, 2 vols., 1970.
GILSON, E., *Index scolastico-cartésien*, 2ª ed., Paris, 1966.
MERGUET, H., *Lexikon zu den philosophischen Schriften Cicero's*, 3 vols., Iena, 1887-1894.
PITTET, A., *Vocabulaire philosophique de Sénèque (A-C)*, Paris, 1937.

Alguns estudos e artigos sobre os termos filosóficos latinos

BRAUN, R., *Deus Christianorum. Recherches sur le vocabulaire doctrinal de Tertullien*. 2ª ed., Paris, 1977.
COURTINE, J.-F., "Note complémentaire pour l'histoire du vocabulaire de l'être", in *Concepts et catégories dans la pensée antique*, Paris, 1980, pp. 33-87.
DE GHELLINCK, J., "*L'entrée d'essentia, substantia*, et autres mots apparentés, dans le latin medieval", in *Archivum Latinitatis MA*. 16, 1941 (1942), pp. 77-112.
DEWAN, L., "*Objectum*. Notes on the invention of a word", in *Archives d'hist. doctr. litt. MA*. 56, 1981 (1982), pp. 37-86.
Hobbes et son vocabulaire (dir. Y.-Ch. Zarka), Paris, 1992.
Langages et philosophie = Hommage à J. Jolivet, Paris, 1997.
La langue latine, langue de la philosophie = Actes du colloque de l'EFR (Roma 17-19 de maio de 1990), Roma, 1992.
Le concept de nature à Rome, La physique, ed. C. Lévy, Paris, 1996.
HELLEGOUARC'H, J., *Le vocabulaire latin des relations et des partis politiques sous la République*, Paris, 1963.
JOLIVET, J., "Notes de lexicographie abélardienne", in *Pierre Abélard, Pierre le Vénérable*, C.N.R.S., Paris, 1975, pp. 531-43.
LEMOINE, M., Michaud-Quantin P., *Étude sur le vocabulaire philosophique du Moyen Âge*, Roma, 1970.
LISCU, M. *Étude sur la langue de la philosophie morale chez Cicerón*, Paris, 1930.
——, *L'expression des idées philosophiques chez Cicéron*, Paris, 1937.
MORESCHINI, C., "Osservazioni sul lessico filosofico di Cicerone", in *Annali della scuola normale superiore di Pisa*, s. III, vol. IX, 1, 1979, pp. 99-178.
PELLICER, A., *Natura. Étude sémantique et histoique du mot latin*, Paris, 1966.

Rencontres de cultures dans la philosophie médiévale = Actes du Colloque international de Cassino (15-17 de junho de 1989), Louvain, 1990.

RAMOND, Ch., *Le vocabulaire de Spinoza*, Paris, 1999.

➤ O leitor que deseje aprofundar, poderá utilizar dois instrumentos muito preciosos: 1º. O *Glossaire du Latin Philosophique Médiéval* (Centre de Recherches sur la Pensée médiévale, Universidade de Paris 1), que cobre todo o período medieval, remontando às fontes clássicas e patrísticas. 2º. O *Lessico Intellettuale Europeo* (Centro di studio del CNR per il lessico intellettuale europeo), que já publicou várias monografias desde 1977: **ordo, res, spiritus, phantasia-imaginatio, idea, ratio, sensus-sensatio, signum** (ed. Olschki, Florença).

TABELA DE PALAVRAS

Absolutus 9	Bonum 33
Abstractio 10	Causa 36
Accidens 10	Causa sui 40
Actio, actus 11	Certus, certitudo 41
Adaequatio 13	Clinamen 42
Adventicius 13	Cogitare, Cogitatio 42
Aegritudo 14	Cognoscere, Cognitio 42
Aeterna veritas 14	Comprehensio 43
Aevum 15	Conatus 43
Affectio / -us (adfectio / -us) . . 15	Conceptio / -us 45
Affirmatio (adfirmatio) 17	Connotatio 46
Aliquid 17	Conscientia 47
Alter ego 18	Consensus 48
Amicitia, Amor 18	Contemplatio 48
Amor fati 21	Contingens 49
Amor sui 21	Conversio 49
Anima / Animus 22	Copula 50
Anitas 27	Corpus 51
Anticipatio 27	Creare 52
Appetitio / Appetitus (adpetitio / -us) 27	Cultura animi 53
Apprehensio (adprehensio) . . 28	Cupiditas 53
A priori vs A posteriori 29	Cura 53
Aseitas 30	Decorum 54
Assensio (adsensio) 31	Deductio 54
Attributum (adtributum) 31	Definitio 54
Beatitudo 32	Delectatio 55

Deus	56
Dictio / -um	58
Ego	58
Ens	60
Entitas	61
Esse	61
Essentia	62
Evidentia	65
Existentia, existere	66
Facultas	68
Finis	69
Forma	69
Fortuna	70
Genus	71
Habitus	71
Haecceitas	71
Homo, humanitas	72
Honestum	72
Idea	73
Impetus	74
Impositio	75
Individuus	76
Inductio	78
Infinitus	79
Intellectus, intellegentia	80
Intentio	85
Intuitus	86
Ipse	88
Ira	88
Liber, libertas	89
Lux / lumen	90
Malum	91
Materia / -es	92
Mens	93
Modus	94
Natura	95
Nihil	97
Notio, notitia	97
Objectum	98
Oratio	99
Ordo	100
Passio	101
Perceptio	101
Persona	102
Philosophia	104
Possibilis	105
Potentia / Potestas	105
Praedicabile / -mentum / -re / -tum	105
Probabilis	106
Propositio	107
Pulcher, pulchritudo	108
Qualitas	108
Quantitas	108
Quid, quid(d)itas	108
Quod est	109
Quod quid erat esse	109
Ratio	109
Relativus	112
Repraesentatio	113
Res	114
Sapiens, sapientia	117
Sensus	118
Similitudo	119
Species	119
Spiritus	120
Subjectum	121
Subsistere, subsistentia	123
Sub specie aeternitatis	124
Substantia	125
Substratum	129
Suppositio	130
Suppositum	131
Syllogismus	132
Tranquillitas	133
Transcendentia /-talia	133
Uti / frui	134
Verbum	135
Veritas	135
Virtus	135
Vis	137
Visum	137
Voluptas	138
Vox	138